ミクロ経済学
計算の極意

森田龍二 ［著］

創 成 社

全体像

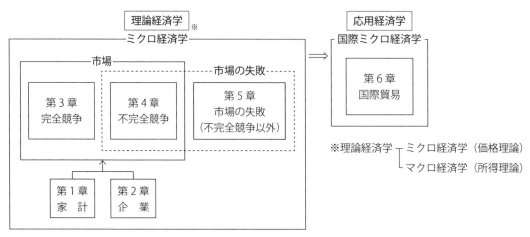

はしがき

　本書は，私が 2007 年より大学や予備校で担当した経済学の講義に基づいている。そこでの気づきは，計算問題を苦手とする学習者が圧倒的に多いということである。それに対して，予備校などの問題集では，説明箇所によって解答アプローチもバラバラで，計算過程も不親切であることも少なくない。そこで，本書では，計算問題を苦手とする学習者を配慮して，一貫した解答アプローチで，計算過程を丁寧に示すことを心掛けている。

　具体的には，本書は，以下の読者を対象としている。

① 　ミクロ経済学を一通り学んだが，計算問題が苦手な学習者
② 　公務員試験，不動産鑑定士試験，公認会計士試験，中小企業診断士試験，証券アナリスト試験，経済学検定（ERE）などの受験生
③ 　良質な計算問題を多く解きたい学習者

　なお，ミクロ経済学を学んでいない学習者は，まずは講義やテキストなどで，必ず一通り学習することを推奨する。ミクロ経済理論の理解なくして，計算問題を解くことはできないからである。

　本書の活用法は，シンプルである。本書以外に紙とペンを用意し，とにかく，数式とグラフの意味を考えながら，手を動かすことである。解答アプローチがわからなかったとしても，解答を見ながらでも構わないので，考えながら，手を動かすのである。また，その結果，理解が深まっても安心しせず，一度で終わりにしないで頂きたい。学習の基本は反復練習にこそあるので，本書を繰り返し繰り返し学習して欲しい。

　一人でも多くの学習者が本書を活用することで，計算問題が得意となることを願っている。

2022 年 4 月

森田龍二

※本書では，以下のように，難易度を★の数で分類している。

難易度（高）

★★★
★★
★

	目標とする難易度
国家総合職	★★★
国家一般職	★★
地方上級	★★
公認会計士	★★★
不動産鑑定士	★★★
中小企業診断士	★
証券アナリスト	★★
ERE（経済学検定）	★★

目　次

第 0 章

計算の基礎

問題0−1 因数分解 ★

次の式を因数分解しなさい。
（1） $x^2+13x+30$
（2） $x^2+10x+25$
（3） $5x^2-70x+245$
（4） $4x^2-81$
（5） $x^3+12x^2+48x+64$
（6） $10x^3-150x^2+750x-1{,}250$
（7） x^3+216
（8） $8x^3-27$

◎因数分解の公式
（1） $x^2+(a+b)x+ab=(x+a)(x+b)$
（2） $x^2+2xy+y^2=(x+y)^2$
（3） $x^2-2xy+y^2=(x-y)^2$
（4） $x^2-y^2=(x+y)(x-y)$
（5） $x^3+3x^2y+3xy^2+y^3=(x+y)^3$
（6） $x^3-3x^2y+3xy^2-y^3=(x-y)^3$
（7） $x^3+y^3=(x+y)(x^2-xy+y^2)$
（8） $x^3-y^3=(x-y)(x^2+xy+y^2)$

（1）

$$x^2+13x+30$$
$$=x^2+(3+10)x+3\times10$$
$$=(x+3)(x+10)$$

（2）

$$x^2+10x+25$$
$$=x^2+2x\times5+5^2$$
$$=(x+5)^2$$

（3）

$$5x^2-70x+245$$
$$=5(x^2-14x+49)$$
$$=5(x^2-2x\times7+7^2)$$

$$=5(x-7)^2$$

（4）

$$4x^2-81$$
$$=(2x)^2-9^2$$
$$=(2x+9)(2x-9)$$

（5）

$$x^3+12x^2+48x+64$$
$$=x^3+3x^2\times4+3x\times4^2+4^3$$
$$=(x+4)^3$$

（6）

$$10x^3-150x^2+750x-1{,}250$$
$$=10(x^3-15x^2+75x-125)$$
$$=10(x^3-3x^2\times5+3x\times5^2-5^3)$$
$$=10(x-5)^3$$

（7）

$$x^3+216$$
$$=x^3+6^3$$
$$=(x+6)(x^2-x\times6+6^2)$$
$$=(x+6)(x^2-6x+36)$$

（8）

$8x^3 - 27$

$\quad = (2x)^3 - 3^3$

$\quad = (2x-3)\left[(2x)^2 + 2x \times 3 + 3^2\right]$

$\quad = (2x-3)(4x^2 + 6x + 9)$

問題0−2　二次方程式　★

次の二次方程式を解きなさい。
(1) $2x^2 = 128$
(2) $x^2 + 15x + 56 = 0$
(3) $5x^2 - 30x + 40 = 0$
(4) $x^2 + 7x + 2 = 0$

◎二次方程式の解の公式

$ax^2 + bx + c = 0$

↓…変形

$$x = \frac{-b \pm \sqrt{b^2 - 4ac}}{2a}$$

(1)

$2x^2 = 128$

$x^2 = 64$

$x^2 - 64 = 0$

$x^2 - 8^2 = 0$

$(x+8)(x-8) = 0$

$x = \pm 8$

(cf)

$\cdot\ x^2 = a$

　　$x = \pm\sqrt{a}$

$\cdot\ x^2 = 25$

　　$= \pm\sqrt{25}$

　　$= \pm\sqrt{5^2}$

　　$= \pm 5$

(2)

$x^2 + 15x + 56 = 0$

$x^2 + (7+8)x + 7 \times 8 = 0$

$(x+8)(x+7) = 0$

$x = -8,\ -7$

(3)

$5x^2 - 30x + 40 = 0$

$x^2 - 6x + 8 = 0$

$x^2 + [-2 + (-4)]x + (-2) \times (-4) = 0$

$[x + (-2)][x + (-4)] = 0$

$(x-2)(x-4) = 0$

$x = 2,\ 4$

(4)

$x^2 + 7x + 2 = 0$

$1 \times x^2 + 7x + 2 = 0$

$$x = \frac{-7 \pm \sqrt{7^2 - 4 \times 1 \times 2}}{2 \times 1}$$

$$x = \frac{-7 \pm \sqrt{49 - 8}}{2}$$

$$x = \frac{-7 \pm \sqrt{41}}{2}$$

問題0−3 平方完成 ★

次の式を平方完成しなさい。

（1）x^2+8x

（2）$x^2-6x+25$

（3）$5x^2+60x-10$

（4）$3x^2-8x+30$

◎平方完成の公式

x^2+ax

↓…変形

$(x+\dfrac{a}{2})^2-(\dfrac{a}{2})^2$

（1）

x^2+8x

$= (x+\dfrac{8}{2})^2 - (\dfrac{8}{2})^2$

$= (x+4)^2 - (4)^2$

$= (x+4)^2 - 16$

（2）

$x^2-6x+25$

$= [x+(-\dfrac{6}{2})]^2 - (-\dfrac{6}{2})^2+25$

$= [x+(-3)]^2 - (-3)^2+25$

$= (x-3)^2-9+25$

$= (x-3)^2+16$

（3）

$5x^2+60x-10$

$=5(x^2+12x) -10$

$=5\left[(x+\dfrac{12}{2})^2-(\dfrac{12}{2})^2\right]-10$

$=5\left[(x+6)^2-6^2\right]-10$

$=5\left[(x+6)^2-36\right]-10$

$=5(x+6)^2-5\times36-10$

$=5(x+6)^2-180-10$

$=5(x+6)^2-190$

（4）

$3x^2-8x+30$

$=3\left(x^2-\dfrac{8}{3}x\right)+30$

$=3\left[\{x+(-\dfrac{8}{3\times2})\}^2-(-\dfrac{8}{3\times2})^2\right]+30$

$=3\left[(x-\dfrac{4}{3})^2-(-\dfrac{4}{3})^2\right]+30$

$=3\left[(x-\dfrac{4}{3})^2-\dfrac{16}{9}\right]+30$

$=3(x-\dfrac{4}{3})^2-3\times\dfrac{16}{9}+30$

$=3(x-\dfrac{4}{3})^2-\dfrac{16}{3}+\dfrac{90}{3}$

$=3(x-\dfrac{4}{3})^2+\dfrac{74}{3}$

問題0-4 指数 ★

次の式を簡単にしなさい。

(1) $x^2 \times x^3$

(2) $x^5 \div x^4$

(3) $x^7 \times x^6 \div x^{10}$

(4) $(x^5)^3$

(5) $\dfrac{3}{2x^{-3}} \times x^7$

(6) $\dfrac{1}{x^6} \times \dfrac{4x^{-4}}{5}$

(7) $x^8 \times \sqrt{x}$

(8) $x^9 \times \sqrt[3]{x}$

(9) $x^{1.5} \div x^{0.7}$

(10) $x^{\frac{2}{7}} \times \sqrt[3]{\sqrt{x}}$

◎指数の公式

(1) $x^0 = 1$

(2) $x^{-n} = \dfrac{1}{x^n}$

(3) $\dfrac{1}{x^{-n}} = x^n$

(4) $x^m \times x^n = x^{m+n}$

(5) $x^m \div x^n = x^{m-n}$

(6) $(x^m)^n = x^{m \times n}$

(7) $(xy)^m = x^m y^m$

(8) $\left(\dfrac{x}{y}\right)^m = \dfrac{x^m}{y^m}$

(1)

$x^2 \times x^3$

　$= x^{2+3}$

　$= x^5$

(2)

$x^5 \div x^4$

　$= x^{5-4}$

　$= x^1$

　$= x$

(3)

$x^7 \times x^6 \div x^{10}$

　$= x^{7+6-10}$

　$= x^3$

(4)

$(x^5)^3$

　$= x^{5 \times 3}$

　$= x^{15}$

(5)

$\dfrac{3}{2x^{-3}} \times x^7$

　$= \dfrac{3}{2} x^3 \times x^7$

　$= \dfrac{3}{2} x^{3+7}$

$$= \frac{3}{2}x^{10}$$

(6)

$$\frac{1}{x^6} \times \frac{4x^{-4}}{5}$$

$$= \frac{1}{x^6} \times \frac{4}{5x^4}$$

$$= \frac{1 \times 4}{x^6 \times 5x^4}$$

$$= \frac{4}{5x^{6+4}}$$

$$= \frac{4}{5x^{10}}$$

(7)

$$x^8 \times \sqrt{x}$$

$$= x^8 \times x^{\frac{1}{2}}$$

$$= x^{8+\frac{1}{2}}$$

$$= x^{\frac{16}{2}+\frac{1}{2}}$$

$$= x^{\frac{17}{2}}$$

(cf)

$$\sqrt{x} = x^{\frac{1}{2}} \cdots \text{「2 乗したら x になる」}$$

$$\sqrt[3]{x} = x^{\frac{1}{3}} \cdots \text{「3 乗したら x になる」}$$

$$\sqrt[n]{x} = x^{\frac{1}{n}} \cdots \text{「n 乗したら x になる」}$$

(8)

$$x^9 \times \sqrt[3]{x}$$

$$= x^9 \times x^{\frac{1}{3}}$$

$$= x^{9+\frac{1}{3}}$$

$$= x^{\frac{27}{3}+\frac{1}{3}}$$

$$= x^{\frac{28}{3}}$$

(9)

$$x^{15} \div x^{0.7}$$

$$= x^{1.5-0.7}$$

$$= x^{0.8}$$

(10)

$$x^{\frac{2}{7}} \times \sqrt[3]{\sqrt{x}}$$

$$= x^{\frac{2}{7}} \times \sqrt[3]{x^{\frac{1}{2}}}$$

$$= x^{\frac{2}{7}} \times \left(x^{\frac{1}{2}}\right)^{\frac{1}{3}}$$

$$= x^{\frac{2}{7}} \times x^{\frac{1}{2} \times \frac{1}{3}}$$

$$= x^{\frac{2}{7}} \times x^{\frac{1}{6}}$$

$$= x^{\frac{2}{7}+\frac{1}{6}}$$

$$= x^{\frac{12}{42}+\frac{7}{42}}$$

$$= x^{\frac{19}{42}}$$

問題0-5 微分 ★

次の関数を微分しなさい。

（1）$y = 3x^2$

（2）$y = 8x^{\frac{1}{4}}$

（3）$y = x$

（4）$y = x^5 + 3x^4 + 1$

（5）$y = 6\sqrt{x}$

（6）$y = \dfrac{5}{2x^5}$

◎微分の公式

（1）$y = ax^b$

$\downarrow \cdots x$ で微分

$y` = b \times ax^{b-1}$

「微分することで曲線の接線の傾きが明らかになる！」

＊微分の手順

- ①指数 b を文字の前に出す。
- ②b を ax^b に掛ける。
- ③指数 b から1つ減らす。

（2）$y = c$（c は定数）

$\downarrow \cdots x$ で微分

$y` = 0$

（注）微分の表記法

微分は，「$y`$」，「$\dfrac{dy}{dx}$」，「$\dfrac{\Delta y}{\Delta x}$」などと表記される。

(1)

$y = 3x^2$

$\downarrow \quad x$ で微分

$y` = 2 \times 3x^{2-1}$

$y` = 6x^1$

$y` = 6x$

(2)

$y = 8x^{\frac{1}{4}}$

$\downarrow \quad x$ で微分

$y` = \dfrac{1}{4} \times 8x^{\frac{1}{4}-1}$

$y` = 2x^{\frac{1}{4}-\frac{4}{4}}$

$y` = 2x^{-\frac{3}{4}}$

$y` = \dfrac{2}{x^{\frac{3}{4}}}$

(3)

$y = x$

$\downarrow \quad$ 微分する場合は指数を明示する

$y = x^1$

$\downarrow \quad x$ で微分

$y` = 1 \times x^{1-1}$

$y` = x^0$

$y` = 1$

(4)

$y = x^5 + 3x^4 + 1$

$\downarrow \quad x$ で微分

$y` = 5 \times x^{5-1} + 4 \times 3x^{4-1} + 0$

$y` = 5x^4 + 12x^3$

(5)

$$y = 6\sqrt{x}$$

↓ 微分する場合は指数を明示する

$$y = 6x^{\frac{1}{2}}$$

↓ x で微分

$$y^` = \frac{1}{2} \times 6x^{\frac{1}{2}-1}$$

$$y^` = 3x^{\frac{1}{2}-\frac{2}{2}}$$

$$y^` - 3x^{-\frac{1}{2}}$$

$$y^` = \frac{3}{x^{\frac{1}{2}}}$$

(cf)

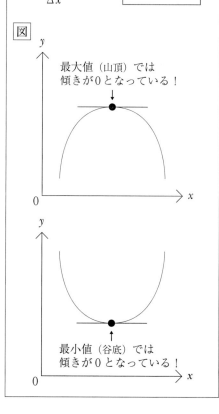

◎最大化条件と最小化条件（1階条件）

数式

$$y^` = 0$$

$(\text{or } \dfrac{\Delta y}{\Delta x} = 0)$

傾きが0であることを表している。

図

最大値（山頂）では傾きが0となっている！

最小値（谷底）では傾きが0となっている！

(6)

$$y = \frac{5}{2x^5}$$

$$y = \frac{5}{2}x^{-5}$$

↓ x で微分

$$y^` = -5 \times \frac{5}{2}x^{-5-1}$$

$$y^` = -\frac{25}{2}x^{-6}$$

$$y^` = -\frac{25}{2x^6}$$

(ex)

① $y = -x^2 + 6x^1$

↓ x で微分

$$y^` = -2x^{2-1} + 1 \times 6x^{1-1}$$

$$= -2x^1 + 6x^0$$

$$= -2x + 6 \times 1$$

$$= -2x + 6$$

↓ 代入

② $\boxed{y^` = 0}$ …最大化条件

$$-2x + 6 = 0$$

$$-2x = -6$$

$$2x = 6$$

$$x = 3$$

↓ 代入

③ $\boxed{y = -x^2 + 6x}$ …関数

$$= -3^2 + 6 \times 3$$

$$= -9 + 18$$

$$= 9$$

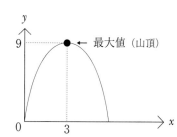

最大値（山頂）

第 1 章

家　計

家計 A の効用関数，予算（所得），X 財の価格，Y 財の価格が以下のように与えられている。そこで，以下の表を完成させなさい。

- ・効用関数：$U=XY$
- ・予　　算：$M=6,200$
- ・X 財の価格：$P_X=20$
- ・Y 財の価格：$P_Y=10$

予算制約式	（1）	U：効用水準
X 財の限界効用	（2）	X：X財の消費量
Y 財の限界効用	（3）	Y：Y財の消費量
限界代替率	（4）	M：予算（所得）
相対価格	（5）	P_X：X財の価格
効用最大化条件	（6）	P_Y：Y財の価格
X 財の最適消費量	（7）	MU_X：X財の限界効用
Y 財の最適消費量	（8）	MU_Y：Y財の限界効用
最適時の効用	（9）	MRS：限界代替率

（1）予算制約式

◎予算制約式

数式　$M = P_X X + P_Y Y$

$$\begin{cases} P_X = 20 \\ P_Y = 10 \\ M = 6,200 \end{cases}$$

予算を全部使い尽くすことを前提としているため，予算（M）と支出額合計（$P_X X + P_Y Y$）は一致することになる。

↓　あてはめ

$M = P_X X + P_Y Y$ …予算制約式

$6,200 = 20X + 10Y$

↓　「Y＝ ～」へ変形

縦軸がYの場合，「Y＝～」の形にすることで，傾きと切片が明らかになる。

$-10Y = 20X - 6,200$

$10Y = -20X + 6,200$

$Y = -\dfrac{20}{10}X + \dfrac{6,200}{10}$

$Y = -2X + 620$ …予算制約式

↳傾き　↳切片

（cf）横軸切片の導出

$Y = 0$

↓　代入

$Y = -2X + 620$ …予算制約式

$0 = -2X + 620$

↓　「X＝ ～」へ変形

$2X = 620$

$X = 310$

縦軸がY，横軸がXの場合，横軸切片はY＝0の場合のXの値であるから，予算制約式のYに0を代入し，Xについて解くことで，横軸切片が明らかになる。

1−1

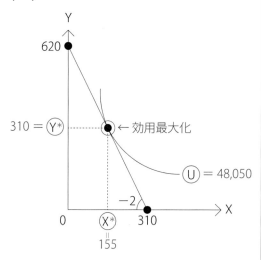

↓ 微分する場合は指数を明示する

$U = X^1 Y^1$

↓ Y で微分

$MU_Y = 1 \times X^1 Y^{1-1}$

$MU_Y = X^1 Y^0$

$MU_Y = X \times 1$

$MU_Y = X$

（2）X財の限界効用

◎限界効用

定義

X 財の限界効用：X 財の消費量を 1 単位増やすと，どれだけ効用が高まるかを表す概念

数式

$MU_X = \dfrac{\Delta U}{\Delta X}$

導出

効用関数を X で微分することで求めることができる。

$U = XY$

↓ 微分する場合は指数を明示する

$U = X^1 Y^1$

↓ X で微分

$MU_X = 1 \times X^{1-1} Y^1$

$MU_X = X^0 Y^1$

$MU_X = 1 \times Y$

$MU_X = Y$

（3）Y財の限界効用

$U = XY$

（4）限界代替率

◎限界代替率

定義

限界代替率：X 財の消費量を 1 単位増やせるならば，Y 財を最大でどれだけ諦めても良いのかを表す概念

数式

$MRS = \dfrac{MU_X}{MU_Y}$

グラフでは，限界代替率は無差別曲線の接線の傾きの大きさを意味する。

$\begin{cases} MU_X = Y \\ MU_Y = X \end{cases}$

↓ あてはめ

$MRS = \dfrac{MU_X}{MU_Y}$ …限界代替率

$MRS = \dfrac{Y}{X}$

（5）相対価格

◎相対価格

定義

相対価格：取引した場合，X 財 1 個は Y 財何個分かを表す概念

数式

相対価格 $= \dfrac{P_X}{P_Y}$

グラフでは，相対価格は予算制約線の傾きの大きさを意味する。

$$\begin{cases} P_X = 20 \\ P_Y = 10 \end{cases}$$

↓　あてはめ

$相対価格 = \dfrac{P_X}{P_Y}$ …相対価格

$相対価格 = \dfrac{20}{10}$

$相対価格 = 2$ ── 取引によって，X財1個手に入れるならば，Y財2個諦めなければならない。

（6）効用最大化条件

◎効用最大化条件

数式

$MRS =$ 相対価格

$$\begin{cases} MRS = \dfrac{Y}{X} \\ 相対価格 = 2 \end{cases}$$

↓　あてはめ

$MRS =$ 相対価格 …効用最大化条件

$\dfrac{Y}{X} = 2$

$Y = 2X$ …効用最大化条件

この式は，無差別曲線の接線の傾きの大きさと予算制約線の傾きの大きさが一致していることを示している。

（cf）加重限界効用均等の法則

◎加重限界効用均等の法則
　（ゴッセンの第二法則）

数式

$\dfrac{MU_X}{P_X} = \dfrac{MU_Y}{P_Y}$ ── この式は，貨幣一単位当たりの限界効用が等しくなることを示している。

導出

$$\begin{cases} MRS = \dfrac{MU_X}{MU_Y} \cdots 限界代替率 \\ 相対価格 = \dfrac{P_X}{P_Y} \cdots 相対価格 \end{cases}$$

↓　あてはめ

$MRS =$ 相対価格 …効用最大化条件

$\dfrac{MU_X}{MU_Y} = \dfrac{P_X}{P_Y}$

$\dfrac{MU_X}{P_X} = \dfrac{MU_Y}{P_Y}$

（7）X財の最適消費量

$$\begin{cases} Y = -2X + 620 \cdots 予算制約式 \\ Y = 2X \cdots 効用最大化条件 \end{cases}$$

↓　連立方程式を解く

$-2X + 620 = 2X$

$-2X - 2X = -620$

$-4X = -620$

$4X = 620$

$X = 155$

↓　変形

$X^* = 155$

最適消費量は，予算制約式と効用最大化条件の双方を満たす必要がある。したがって，予算制約式と効用最大化条件からなる連立方程式を解けば最適消費量が明らかになる。

X財の最適消費量をX*とする。

（8）Y財の最適消費量

$X = 155$

↓　代入

$Y = 2X$ …効用最大化条件

$Y = 2 \times 155$

$Y = 310$

↓　変形

$Y^* = 310$

Y財の最適消費量をY*とする。

（9）最適時の効用

$$\begin{cases} X = 155 \\ Y = 310 \end{cases}$$

↓　代入

$\boxed{U=XY}$…効用関数

$U=155\times310$

$U=48{,}050$

最適消費② ★

家計 A の効用関数，予算（所得），X 財の価格，Y 財の価格が以下のように与えられている。そこで，以下の表を完成させなさい。

- 効用関数：$U = X^{0.4} Y^{0.6}$
- 予　　算：$M = 1,600$
- X 財の価格：$P_X = 40$
- Y 財の価格：$P_Y = 80$

予算制約式	（1）	U：効用水準
X 財の限界効用	（2）	X：X財の消費量
Y 財の限界効用	（3）	Y：Y財の消費量
限界代替率	（4）	M：予算（所得）
相対価格	（5）	P_X：X財の価格
効用最大化条件	（6）	P_Y：Y財の価格
X 財の最適消費量	（7）	MU_X：X財の限界効用
Y 財の最適消費量	（8）	MU_Y：Y財の限界効用
		MRS：限界代替率

（1）予算制約式

$$\begin{cases} P_X = 40 \\ P_Y = 80 \\ M = 1,600 \end{cases}$$

　↓　あてはめ

$\boxed{M = P_X X + P_Y Y}$ …予算制約式

$1,600 = 40X + 80Y$

　↓　「Y=～」へ変形

$-80Y = 40X - 1,600$

$80Y = -40X + 1,600$

$Y = -\dfrac{40}{80}X + \dfrac{1,600}{80}$

$Y = \left(-\dfrac{1}{2}\right)X + ⑳$ …予算制約式

　　　↓傾き　↓切片

（cf）横軸切片の導出

$Y = 0$

　↓　代入

$\boxed{Y = -\dfrac{1}{2}X + 20}$ …予算制約式

$0 = -\dfrac{1}{2}X + 20$

　↓　「X=～」へ変形

$\dfrac{1}{2}X = 20$

$X = 20 \times 2$

$X = 40$

（2）X 財の限界効用

$U = X^{0.4} Y^{0.6}$

　↓　X で微分

$MU_X = 0.4 X^{0.4-1} Y^{0.6}$

$MU_X = 0.4 X^{-0.6} Y^{0.6}$

1－2

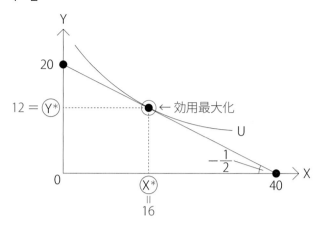

（3）Y財の限界効用

$$U = X^{0.4}Y^{0.6}$$

↓　Yで微分

$$MU_Y = 0.6X^{0.4}Y^{0.6-1}$$

$$MU_Y = 0.6X^{0.4}Y^{-0.4}$$

（4）限界代替率

$$\begin{cases} MU_X = 0.4X^{-0.6}Y^{0.6} \\ MU_Y = 0.6X^{0.4}Y^{-0.4} \end{cases}$$

↓　あてはめ

$$MRS = \frac{MU_X}{MU_Y} \cdots 限界代替率$$

$$MRS = \frac{0.4X^{-0.6}Y^{0.6}}{0.6X^{0.4}Y^{-0.4}}$$

$$MRS = \frac{2X^{-0.6}Y^{0.6}}{3X^{0.4}Y^{-0.4}}$$

$$MRS = \frac{2Y^{0.6}Y^{0.4}}{3X^{0.4}X^{0.6}}$$

$$MRS = \frac{2Y^{0.6+0.4}}{3X^{0.4+0.6}}$$

$$MRS = \frac{2Y^1}{3X^1}$$

$$MRS = \frac{2Y}{3X}$$

（5）相対価格

$$\begin{cases} P_X = 40 \\ P_Y = 80 \end{cases}$$

↓　あてはめ

$$相対価格 = \frac{P_X}{P_Y} \cdots 相対価格$$

$$相対価格 = \frac{40}{80}$$

$$相対価格 = \frac{1}{2}$$

（6）効用最大化条件

$$\begin{cases} MRS = \frac{2Y}{3X} \\ 相対価格 = \frac{1}{2} \end{cases}$$

↓　あてはめ

$$MRS = 相対価格 \cdots 効用最大化条件$$

$$\frac{2Y}{3X} = \frac{1}{2}$$

$$2Y = \frac{3}{2}X$$

$$Y = \frac{3}{4}X \cdots 効用最大化条件$$

（7）X財の最適消費量

$$\begin{cases} Y = -\frac{1}{2}X + 20 \cdots 予算制約式 \\ Y = \frac{3}{4}X \cdots 効用最大化条件 \end{cases}$$

↓　連立方程式を解く

$$-\frac{1}{2}X + 20 = \frac{3}{4}X$$

$$-2X + 80 = 3X$$

$$-5X = -80$$

$$5X = 80$$

$$X = 16$$

↓　変形 ── X財の最適消費量をX^*とする。

$$X^* = 16$$

（8）Y財の最適消費量

$$X = 16$$

↓　代入

$$\boxed{Y = \frac{3}{4}X}$$ …効用最大化条件

$$Y = \frac{3}{4} \times 16$$

$$Y = 12$$

↓　変形 ── Y財の最適消費量をY^*とする。

$$Y^* = 12$$

家計 A の効用関数，予算（所得），X 財の価格，Y 財の価格が以下のように与えられている。そこで，以下の表を完成させなさい。

- ・効用関数：$U = X^{\frac{1}{3}} Y^{\frac{2}{3}}$
- ・予　　算：$M = 7{,}200$
- ・X 財の価格：$P_X = 20$
- ・Y 財の価格：$P_Y = 8$

予算制約式	（1）
X 財の限界効用	（2）
Y 財の限界効用	（3）
限界代替率	（4）
相対価格	（5）
効用最大化条件	（6）
X 財の最適消費量	（7）
Y 財の最適消費量	（8）

U：効用水準

X：X財の消費量

Y：Y財の消費量

M：予算（所得）

P_X：X財の価格

P_Y：Y財の価格

MU_X：X財の限界効用

MU_Y：Y財の限界効用

MRS：限界代替率

（1）予算制約式

$$\begin{cases} P_X = 20 \\ P_Y = 8 \\ M = 7{,}200 \end{cases}$$

　↓　あてはめ

$\boxed{M = P_X X + P_Y Y}$ …予算制約式

$7{,}200 = 20X + 8Y$

　↓　「Y＝〜」へ変形

$-8Y = 20X - 7{,}200$

$8Y = -20X + 7{,}200$

$Y = -\dfrac{20}{8}X + \dfrac{7{,}200}{8}$

$Y = \boxed{-\dfrac{5}{2}}X + \boxed{900}$ …予算制約式

　　　↳傾き　　↳切片

(cf) 横軸切片の導出

$Y = 0$

↓　代入

$\boxed{Y = -\dfrac{5}{2}X + 900}$ …予算制約式

$0 = -\dfrac{5}{2}X + 900$

　↓　「X＝〜」へ変形

$\dfrac{5}{2}X = 900$

$X = 900 \times \dfrac{2}{5}$

$X = 360$

（2）X 財の限界効用

$U = X^{\frac{1}{3}} Y^{\frac{2}{3}}$

　↓　X で微分

$MU_X = \dfrac{1}{3} X^{\frac{1}{3}-1} Y^{\frac{2}{3}}$

1－3

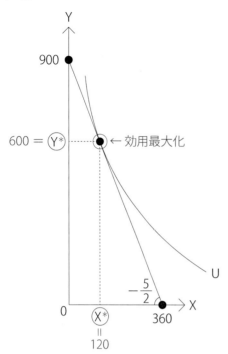

$$MU_X = \frac{1}{3} X^{\frac{1}{3} - \frac{3}{3}} Y^{\frac{2}{3}}$$

$$MU_X = \frac{1}{3} X^{-\frac{2}{3}} Y^{\frac{2}{3}}$$

（3）Y財の限界効用

$$U = X^{\frac{1}{3}} Y^{\frac{2}{3}}$$

↓　Yで微分

$$MU_Y = \frac{2}{3} X^{\frac{1}{3}} Y^{\frac{2}{3} - 1}$$

$$MU_Y = \frac{2}{3} X^{\frac{1}{3}} Y^{\frac{2}{3} - \frac{3}{3}}$$

$$MU_Y = \frac{2}{3} X^{\frac{1}{3}} Y^{-\frac{1}{3}}$$

（4）限界代替率

$$\begin{cases} MU_X = \frac{1}{3} X^{-\frac{2}{3}} Y^{\frac{2}{3}} \\ MU_Y = \frac{2}{3} X^{\frac{1}{3}} Y^{-\frac{1}{3}} \end{cases}$$

↓　あてはめ

$$\boxed{MRS = \frac{MU_X}{MU_Y}} \cdots 限界代替率$$

$$MRS = \frac{\frac{1}{3} X^{-\frac{2}{3}} Y^{\frac{2}{3}}}{\frac{2}{3} X^{\frac{1}{3}} Y^{-\frac{1}{3}}}$$

$$MRS = \frac{X^{-\frac{2}{3}} Y^{\frac{2}{3}}}{2 X^{\frac{1}{3}} Y^{-\frac{1}{3}}}$$

$$MRS = \frac{Y^{\frac{2}{3}} Y^{\frac{1}{3}}}{2 X^{\frac{1}{3}} X^{\frac{2}{3}}}$$

$$MRS = \frac{Y^{\frac{2}{3} + \frac{1}{3}}}{2 X^{\frac{1}{3} + \frac{2}{3}}}$$

$$MRS = \frac{Y^1}{2 X^1}$$

$$MRS = \frac{Y}{2X}$$

（5）相対価格

$$\begin{cases} P_X = 20 \\ P_Y = 8 \end{cases}$$

↓　あてはめ

$$\boxed{相対価格 = \frac{P_X}{P_Y}} \cdots 相対価格$$

$$相対価格 = \frac{20}{8}$$

$$相対価格 = \frac{5}{2}$$

（6）効用最大化条件

$$\begin{cases} MRS = \frac{Y}{2X} \\ 相対価格 = \frac{5}{2} \end{cases}$$

↓　あてはめ

$$\boxed{MRS = 相対価格} \cdots 効用最大化条件$$

$$\frac{Y}{2X} = \frac{5}{2}$$

$$Y = \frac{5}{2} \times 2X$$

$$Y = 5X \cdots 効用最大化条件$$

（7）X財の最適消費量

$$\begin{cases} Y = -\dfrac{5}{2}X + 900 & \cdots \text{予算制約式} \\[2mm] Y = 5X & \cdots \text{効用最大化条件} \end{cases}$$

↓　連立方程式を解く

$$-\dfrac{5}{2}X + 900 = 5X$$

$$-5X + 1{,}800 = 10X$$

$$-15X = -1{,}800$$

$$15X = 1{,}800$$

$$X = 120$$

↓　変形 —— X財の最適消費量をX*とする。

$$X^* = 120$$

（8）Y財の最適消費量

$$X = 120$$

↓　代入

$\boxed{Y = 5X}$ …効用最大化条件

$$Y = 5 \times 120$$

$$Y = 600$$

↓　変形 —— Y財の最適消費量をY*とする。

$$Y^* = 600$$

問題 1-4　最適消費④　★★

家計 A の効用関数，予算（所得），X 財の価格，Y 財の価格が以下のように与えられている。そこで，以下の表を完成させなさい。

- 効用関数：$U = X^\alpha Y^\beta$
- 予　　算：$M = M_0$
- X 財の価格：$P_X = P_{X0}$
- Y 財の価格：$P_Y = P_{Y0}$

予算制約式	（1）
X 財の限界効用	（2）
Y 財の限界効用	（3）
限界代替率	（4）
相対価格	（5）
効用最大化条件	（6）
X 財の最適消費量	（7）
Y 財の最適消費量	（8）
最適時の効用	（9）

U	：効用水準
X	：X 財の消費量
Y	：Y 財の消費量
M	：予算（所得）
P_X	：X 財の価格
P_Y	：Y 財の価格
MU_X	：X 財の限界効用
MU_Y	：Y 財の限界効用
MRS	：限界代替率

（注）α，β を正の定数とする。

（1）予算制約式

$$\begin{cases} P_X = P_{X0} \\ P_Y = P_{Y0} \\ M = M_0 \end{cases}$$

↓　あてはめ

$\boxed{M = P_X X + P_Y Y}$ …予算制約数

$M_0 = P_{X0} X + P_{Y0} Y$

↓　「Y＝～」へ変形

$-P_{Y0} Y = P_{X0} X - M_0$

$P_{Y0} Y = -P_{X0} X + M_0$

$Y = \left(-\dfrac{P_{X0}}{P_{Y0}}\right) X + \left(\dfrac{M_0}{P_{Y0}}\right)$ …予算制約式

　　　　↘傾き　↘切片

（cf）横軸切片の導出

$Y = 0$

↓　代入

$Y = -\dfrac{P_{X0}}{P_{Y0}} X + \dfrac{M_0}{P_{Y0}}$ …予算制約式

$0 = -\dfrac{P_{X0}}{P_{Y0}} X + \dfrac{M_0}{P_{Y0}}$

↓　「X＝～」へ変形

$\dfrac{P_{X0}}{P_{Y0}} X = \dfrac{M_0}{P_{Y0}}$

$X = \dfrac{M_0}{P_{Y0}} \times \dfrac{P_{Y0}}{P_{X0}}$

$X = \dfrac{M_0}{P_{X0}}$

（2）X 財の限界効用

$U = X^\alpha Y^\beta$

↓　X で微分

$MU_X = \alpha X^{\alpha-1} Y^\beta$

1－4

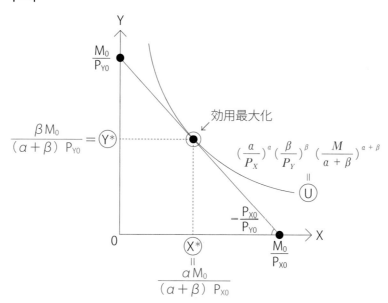

効用最大化

$$\frac{\beta M_0}{(\alpha+\beta)\,P_{Y0}} = Y^*$$

$$\left(\frac{\alpha}{P_X}\right)^{\alpha}\left(\frac{\beta}{P_Y}\right)^{\beta}\left(\frac{M}{\alpha+\beta}\right)^{\alpha+\beta}$$

$$\|$$

$$U$$

$$-\frac{P_{X0}}{P_{Y0}}$$

$$\frac{M_0}{P_{X0}}$$

$$X^* \quad \| \quad \frac{\alpha M_0}{(\alpha+\beta)\,P_{X0}}$$

（3）Y 財の限界効用

$$U = X^{\alpha}Y^{\beta}$$

↓　Y で微分

$$MU_Y = \beta X^{\alpha}Y^{\beta-1}$$

（4）限界代替率

$$\begin{cases} MU_X = \alpha X^{\alpha-1}Y^{\beta} \\ MU_Y = \beta X^{\alpha}Y^{\beta-1} \end{cases}$$

↓　あてはめ

$$\boxed{MRS = \frac{MU_X}{MU_Y}} \cdots 限界代替率$$

$$MRS = \frac{\alpha X^{\alpha-1}Y^{\beta}}{\beta X^{\alpha}Y^{\beta-1}}$$

$$MRS = \frac{\alpha X^{-(-\alpha+1)}\,Y^{\beta}}{\beta X^{\alpha}Y^{-(-\beta+1)}}$$

$$MRS = \frac{\alpha X^{-(1-\alpha)}\,Y^{\beta}}{\beta X^{\alpha}Y^{-(1-\beta)}}$$

$$MRS = \frac{\alpha Y^{\beta}Y^{(1-\beta)}}{\beta X^{\alpha}X^{(1-\alpha)}}$$

$$MRS = \frac{\alpha Y^{\beta+(1-\beta)}}{\beta X^{\alpha+(1-\alpha)}}$$

$$MRS = \frac{\alpha Y^{1}}{\beta X^{1}}$$

$$MRS = \frac{\alpha Y}{\beta X}$$

（5）相対価格

$$\begin{cases} P_X = P_{X0} \\ P_Y = P_{Y0} \end{cases}$$

↓　あてはめ

$$\boxed{相対価格 = \frac{P_X}{P_Y}} \cdots 相対価格$$

$$相対価格 = \frac{P_{X0}}{P_{Y0}}$$

（6）効用最大化条件

$$\begin{cases} MRS = \dfrac{\alpha Y}{\beta X} \\[2mm] 相対価格 = \dfrac{P_{X0}}{P_{Y0}} \end{cases}$$

↓　あてはめ

$$\boxed{MRS = 相対価格} \cdots 効用最大化条件$$

$$\frac{\alpha Y}{\beta X} = \frac{P_{X0}}{P_{Y0}}$$

$$Y = \frac{P_{X0}}{P_{Y0}} \times \frac{\beta X}{\alpha}$$

$$Y = \frac{\beta P_{X0}}{\alpha P_{Y0}} X \quad \cdots 効用最大化条件$$

（7）X 財の最適消費量

$$\begin{cases} Y = -\dfrac{P_{X0}}{P_{Y0}} X + \dfrac{M_0}{P_{Y0}} \quad \cdots 予算制約式 \\[3mm] Y = \dfrac{\beta P_{X0}}{\alpha P_{Y0}} X \quad \cdots 効用最大化条件 \end{cases}$$

↓　連立方程式を解く

$$-\frac{P_{X0}}{P_{Y0}} X + \frac{M_0}{P_{Y0}} = \frac{\beta P_{X0}}{\alpha P_{Y0}} X$$

$$-\alpha P_{X0}X + \alpha M_0 = \beta P_{X0}X$$

$$-\alpha P_{X0}X - \beta P_{X0}X = -\alpha M_0$$

$$\alpha P_{X0}X + \beta P_{X0}X = \alpha M_0$$

$$(\alpha + \beta) P_{X0}X = \alpha M_0$$

$$X = \alpha M_0 \times \frac{1}{(\alpha + \beta)P_{X0}}$$

$$X = \frac{\alpha M_0}{(\alpha + \beta)P_{X0}}$$

↓　変形 ── X財の最適消費量をX*とする。

$$X^* = \frac{\alpha M_0}{(\alpha + \beta)P_{X0}}$$

（cf）X 財の需要関数の導出

$$X = \frac{\alpha M_0}{(\alpha + \beta)P_{X0}}$$

↓　変形 ── P_{X0}をP_Xへと一般化する。

$$X = \frac{\alpha M_0}{(\alpha + \beta)P_X}$$

この式は，X財の消費量（需要量）とX財の価格の関係を表している式であるため，X財の（個別）需要関数と呼ばれる。

◎需要関数

定義

X 財の需要関数：X 財の消費量（需要量）と X 財の価格の関係を表している式のこと

（8）Y 財の最適消費量

$$X = \frac{\alpha M_0}{(\alpha + \beta)P_{X0}}$$

↓　代入

$$Y = \frac{\beta P_{X0}}{\alpha P_{Y0}} X \quad \cdots 効用最大化条件$$

$$Y = \frac{\beta P_{X0}}{\alpha P_{Y0}} \times \frac{\alpha M_0}{(\alpha + \beta)P_{X0}}$$

$$Y = \frac{\beta M_0}{(\alpha + \beta)P_{Y0}}$$

↓　変形 ── Y財の最適消費量をY*とする。

$$Y^* = \frac{\beta M_0}{(\alpha + \beta)P_{Y0}}$$

（cf）Y 財の需要関数の導出

$$Y = \frac{\beta M_0}{(\alpha + \beta)P_{Y0}}$$

↓　変形 ── P_{Y0}をP_Yへと一般化する。

$$Y = \frac{\beta M_0}{(\alpha + \beta)P_Y}$$

この式は，Y財の消費量（需要量）とY財の価格の関係を表している式であるため，Y財の（個別）需要関数と呼ばれる。

（9）最適時の効用

$$\begin{cases} X = \dfrac{\alpha M_0}{(\alpha + \beta)P_{X0}} \\[3mm] Y = \dfrac{\beta M_0}{(\alpha + \beta)P_{Y0}} \end{cases}$$

↓　代入

$$U = X^\alpha Y^\beta \quad \cdots 効用関数$$

$$U = \left[\frac{\alpha M_0}{(\alpha + \beta)P_{X0}} \right]^\alpha \left[\frac{\beta M_0}{(\alpha + \beta)P_{Y0}} \right]^\beta$$

$$U = \left[\frac{\alpha^{\alpha} M_0{}^{\alpha}}{(\alpha+\beta)^{\alpha} P^{\alpha}{}_{X0}}\right]\left[\frac{\beta^{\beta} M_0{}^{\beta}}{(\alpha+\beta)^{\beta} P^{\beta}{}_{Y0}}\right]$$

$$U = \left[\frac{\alpha^{\alpha} M_0{}^{\alpha} \times \beta^{\beta} M_0{}^{\beta}}{(\alpha+\beta)^{\alpha} P^{\alpha}{}_{X0} \times (\alpha+\beta)^{\beta} P^{\beta}{}_{Y0}}\right]$$

$$U = \left[\frac{\alpha^{\alpha} \beta^{\beta} M_0{}^{\alpha} M_0{}^{\beta}}{P^{\alpha}{}_{X0} P^{\beta}{}_{Y0} (\alpha+\beta)^{\alpha} (\alpha+\beta)^{\beta}}\right]$$

$$U = \left(\frac{\alpha^{\alpha}}{P^{\alpha}{}_{X0}}\right)\left(\frac{\beta^{\beta}}{P^{\beta}{}_{Y0}}\right)\left[\frac{M_0{}^{\alpha} M_0{}^{\beta}}{(\alpha+\beta)^{\alpha} (\alpha+\beta)^{\beta}}\right]$$

$$U = \left(\frac{\alpha^{\alpha}}{P^{\alpha}{}_{X0}}\right)\left(\frac{\beta^{\beta}}{P^{\beta}{}_{Y0}}\right)\left[\frac{M_0{}^{\alpha+\beta}}{(\alpha+\beta)^{\alpha+\beta}}\right]$$

$$U = \left(\frac{\alpha}{P_{X0}}\right)^{\alpha}\left(\frac{\beta}{P_{Y0}}\right)^{\beta}\left[\frac{M_0}{(\alpha+\beta)}\right]^{\alpha+\beta}$$

$$U = \left(\frac{\alpha}{P_{X0}}\right)^{\alpha}\left(\frac{\beta}{P_{Y0}}\right)^{\beta}\left(\frac{M_0}{\alpha+\beta}\right)^{\alpha+\beta}$$

（cf）間接効用関数の導出

$$U = \left(\frac{\alpha}{P_{X0}}\right)^{\alpha}\left(\frac{\beta}{P_{Y0}}\right)^{\beta}\left(\frac{M_0}{\alpha+\beta}\right)^{\alpha+\beta}$$

↓　変形 ── P_{X0}, P_{Y0}, M_0をP_X, P_Y, Mへと一般化する。

$$U = \left(\frac{\alpha}{P_X}\right)^{\alpha}\left(\frac{\beta}{P_Y}\right)^{\beta}\left(\frac{M}{\alpha+\beta}\right)^{\alpha+\beta}$$

この式は，効用とX財の価格，Y財の価格，所得の関係を表している式であり，間接効用関数と呼ばれる。

◎間接効用関数

定義

間接効用関数：効用とX財の価格，Y財の価格，所得の関係を表している式のこと

家計 A の効用関数，予算（所得），X 財の価格，Y 財の価格が以下のように与えられている。また，X 財と Y 財へ，それぞれ消費税 10% が課されたとする。そこで，以下の表を完成させなさい。

- 効用関数：$U=\sqrt{XY}$
- 予　　算：$M=220{,}000$
- X 財の価格：$P_X=100$
- Y 財の価格：$P_Y=200$
- 消費税：$t=0.1$（10%）

	課税前	課税後
X 財の税込価格		（10）
Y 財の税込価格		（11）
予算制約式	（1）	（12）
X 財の限界効用	（2）	
Y 財の限界効用	（3）	
限界代替率	（4）	
相対価格	（5）	（13）
効用最大化条件	（6）	（14）
X 財の最適消費量	（7）	（15）
Y 財の最適消費量	（8）	（16）
最適時の効用	（9）	（17）
消費税収		（18）

U：効用水準
X：X財の消費量
Y：Y財の消費量
M：予算（所得）
P_X：X財の価格
P_Y：Y財の価格
MU_X：X財の限界効用
MU_Y：Y財の限界効用
MRS：限界代替率
P'_X：課税後の
　　　　X財の価格
P'_Y：課税後の
　　　　Y財の価格
t：税率
T：税収

課税前

（1）予算制約式

$$\begin{cases} P_X=100 \\ P_Y=200 \\ M=220{,}000 \end{cases}$$

↓　あてはめ

$\boxed{M=P_XX+P_YY}$…予算制約式

$220{,}000=100X+200Y$

↓　「Y=～」へ変形

$-200Y=100X-220{,}000$

$200Y=-100X+220{,}000$

$Y=-\dfrac{100}{200}X+\dfrac{220{,}000}{200}$

$Y=\boxed{-\dfrac{1}{2}}X+\boxed{1{,}100}$…予算制約式

　　↳傾き　　↳切片

（cf）横軸切片の導出

$Y=0$

↓　代入

$Y=-\dfrac{1}{2}X+1{,}100$…予算制約式

1-5

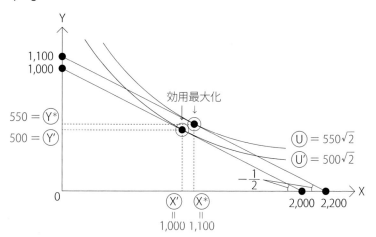

$0 = -\dfrac{1}{2}X + 1,000$

↓ 「X = ～」へ変形

$\dfrac{1}{2}X = 1,000$

$X = 1,100 \times 2$

$X = 2,200$

(2) X財の限界効用

$U = \sqrt{XY}$

↓ 微分する場合は指数を明示する

$U = (XY)^{\frac{1}{2}}$

$U = X^{\frac{1}{2}}Y^{\frac{1}{2}}$

↓ X で微分

$MU_X = \dfrac{1}{2}X^{\frac{1}{2}-1}Y^{\frac{1}{2}}$

$MU_X = \dfrac{1}{2}X^{\frac{1}{2}-\frac{2}{2}}Y^{\frac{1}{2}}$

$MU_X = \dfrac{1}{2}X^{-\frac{1}{2}}Y^{\frac{1}{2}}$

(3) Y財の限界効用

$U = \sqrt{XY}$

↓ 微分する場合は指数を明示する

$U = (XY)^{\frac{1}{2}}$

$U = X^{\frac{1}{2}}Y^{\frac{1}{2}}$

↓ Y で微分

$MU_Y = \dfrac{1}{2}X^{\frac{1}{2}}Y^{\frac{1}{2}-1}$

$MU_Y = \dfrac{1}{2}X^{\frac{1}{2}}Y^{\frac{1}{2}-\frac{2}{2}}$

$MU_Y = \dfrac{1}{2}X^{\frac{1}{2}}Y^{-\frac{1}{2}}$

(4) 限界代替率

$\begin{cases} MU_X = \dfrac{1}{2}X^{-\frac{1}{2}}Y^{\frac{1}{2}} \\[2mm] MU_Y = \dfrac{1}{2}X^{\frac{1}{2}}Y^{-\frac{1}{2}} \end{cases}$

↓ あてはめ

$\boxed{MRS = \dfrac{MU_X}{MU_Y}}$ …限界代替率

$MRS = \dfrac{\dfrac{1}{2}X^{-\frac{1}{2}}Y^{\frac{1}{2}}}{\dfrac{1}{2}X^{\frac{1}{2}}Y^{-\frac{1}{2}}}$

$MRS = \dfrac{X^{-\frac{1}{2}}Y^{\frac{1}{2}}}{X^{\frac{1}{2}}Y^{-\frac{1}{2}}}$

$$MRS = \frac{Y^{\frac{1}{2}} Y^{\frac{1}{2}}}{X^{\frac{1}{2}} X^{\frac{1}{2}}}$$

$$MRS = \frac{Y^{\frac{1}{2}+\frac{1}{2}}}{X^{\frac{1}{2}+\frac{1}{2}}}$$

$$MRS = \frac{Y^1}{X^1}$$

$$MRS = \frac{Y}{X}$$

（5）相対価格

$$\begin{cases} P_X = 100 \\ P_Y = 200 \end{cases}$$

↓　あてはめ

$$\boxed{相対価格 = \frac{P_X}{P_Y}} \cdots 相対価格$$

$$相対価格 = \frac{100}{200}$$

$$相対価格 = \frac{1}{2}$$

（6）効用最大化条件

$$\begin{cases} MRS = \dfrac{Y}{X} \\ 相対価格 = \dfrac{1}{2} \end{cases}$$

↓　あてはめ

$$\boxed{MRS = 相対価格} \cdots 効用最大化条件$$

$$\frac{Y}{X} = \frac{1}{2}$$

$$Y = \frac{1}{2}X \cdots 効用最大化条件$$

（7）X財の最適消費量

$$\begin{cases} Y = -\dfrac{1}{2}X + 1,100 \cdots 予算制約式 \\ Y = \dfrac{1}{2}X \cdots 効用最大化条件 \end{cases}$$

↓　連立方程式を解く

$$-\frac{1}{2}X + 1,100 = \frac{1}{2}X$$

$$-\frac{1}{2}X - \frac{1}{2}X = -1,100$$

$$-\frac{2}{2}X = -1,100$$

$$\frac{2}{2}X = 1,100$$

$$X = 1,100$$

↓　変形 ── X財の最適消費量をX^*とする。

$$X^* = 1,100$$

（8）Y財の最適消費量

$$X = 1,100$$

↓　代入

$$\boxed{Y = \frac{1}{2}X} \cdots 効用最大化条件$$

$$Y = \frac{1}{2} \times 1,100$$

$$Y = 550$$

↓　変形 ── Y財の最適消費量をY^*とする。

$$Y^* = 550$$

（9）最適時の効用

$$\begin{cases} X = 1,100 \\ Y = 550 \end{cases}$$

↓　代入

$$\boxed{U = \sqrt{XY}}$$

$$U = \sqrt{1,100 \times 550}$$

$$U = \sqrt{(2 \times 550) \times 550}$$

$$U = \sqrt{2 \times 550^2}$$

$$U = 550\sqrt{2}$$

課税後

（10）X財の税込価格

```
◎ X財の税込価格
数式  P'_X =（1＋t）P_X
```

$$\begin{cases} P_X = 100 \\ t = 0.1 \end{cases}$$

↓　代入

$\boxed{P'_X =（1＋t）P_X}$ … X財の税込価格

$P'_X =（1＋0.1）\times 100$

$P'_X = 1.1 \times 100$

$P'_X = 110$

（11）Y財の税込価格

```
◎ Y財の税込価格
数式  P'_Y =（1＋t）P_Y
```

$$\begin{cases} P_Y = 200 \\ t = 0.1 \end{cases}$$

↓　代入

$\boxed{P'_Y =（1＋t）P_Y}$ … Y財の税込価格

$P'_Y =（1＋0.1）\times 200$

$P'_Y = 1.1 \times 200$

$P'_Y = 220$

（12）予算制約式

$$\begin{cases} P'_X = 110 \\ P'_Y = 220 \\ M = 220,000 \end{cases}$$

税が課されたため，課税後のX財とY財の価格を用いる。

↓　あてはめ

$\boxed{M = P'_X X + P'_Y Y}$ … 予算制約式

$220,000 = 110X + 220Y$

↓　「Y＝〜」へ変形

$-220Y = 110X - 220,000$

$220Y = -110X + 220,000$

$Y = -\dfrac{110}{220}X + \dfrac{220,000}{220}$

$Y = -\dfrac{1}{2}X + 1,000$ … 予算制約式

　　　↓傾き　　↓切片

（cf）横軸切片の導出

$Y = 0$

↓　代入

$\boxed{Y = -\dfrac{1}{2}X + 1,000}$ … 予算制約式

$0 = -\dfrac{1}{2}X + 1,000$

↓　「X＝〜」へ変形

$\dfrac{1}{2}X = 1,000$

$X = 1,000 \times 2$

$X = 2,000$

（13）相対価格

$$\begin{cases} P'_X = 110 \\ P'_Y = 220 \end{cases}$$

税が課されたため，課税後のX財とY財の価格を用いる。

↓　あてはめ

$\boxed{\text{相対価格} = \dfrac{P'_X}{P'_Y}}$ … 相対価格

$\text{相対価格} = \dfrac{110}{220}$

$\text{相対価格} = \dfrac{1}{2}$

（14）効用最大化条件

$$\begin{cases} MRS = \dfrac{Y}{X} \\ \text{相対価格} = \dfrac{1}{2} \end{cases}$$

税が課されたため，税込相対価格を用いる。

↓　あてはめ

$\boxed{MRS = \text{相対価格}}$ … 効用最大化条件

$$\frac{Y}{X} = \frac{1}{2}$$

$$Y = \frac{1}{2}X \quad \cdots 効用最大化条件$$

（15）X財の最適消費量

$$\begin{cases} Y = -\frac{1}{2}X + 1{,}000 & \cdots 予算制約式 \\[2mm] Y = \frac{1}{2}X & \cdots 効用最大化条件 \end{cases}$$

↓　連立方程式を解く

$$-\frac{1}{2}X + 1{,}000 = \frac{1}{2}X$$

$$-\frac{1}{2}X - \frac{1}{2}X = -1{,}000$$

$$-\frac{2}{2}X = -1{,}000$$

$$-X = -1{,}000$$

$$X = 1{,}000$$

↓　変形 ── X財の課税後の最適消費量をX'とする。

$$X' = 1{,}000$$

（16）Y財の最適消費量

$$X = 1{,}000$$

↓　代入

$$\boxed{Y = \frac{1}{2}X} \cdots 効用最大化条件$$

$$Y = \frac{1}{2} \times 1{,}000$$

$$Y = 500$$

↓　変形 ── Y財の課税後の最適消費量をY'とする。

$$Y' = 500$$

（17）最適時の効用

$$\begin{cases} X = 1{,}000 \\ Y = 500 \end{cases}$$

↓　代入

$$\boxed{U = \sqrt{XY}} \cdots 効用関数$$

$$U = \sqrt{1{,}000 \times 500}$$

$$U = \sqrt{(2 \times 500) \times 500}$$

$$U = \sqrt{2 \times 500^2}$$

$$U = 500\sqrt{2}$$

↓　変形 ── 課税後の最適時の効用をU'とする。

$$U' = 500\sqrt{2}$$

（18）消費税収

◎消費税収

数式　$T = tP_X X + tP_Y Y$

$$\begin{cases} t = 0.1 \\ P_X = 100 \\ P_Y = 200 \\ X = 1{,}000 \\ Y = 500 \end{cases}$$

↓　代入

$$\boxed{T = tP_X X + tP_Y Y} \cdots 消費税収$$

$$T = 0.1 \times 100 \times 1{,}000 + 0.1 \times 200 \times 500$$

$$T = 10{,}000 + 10{,}000$$

$$T = 20{,}000$$

家計 A の効用関数，X 財の価格，名目賃金率，利用可能時間が以下のように与えられている。そこで，以下の表を完成させなさい。

- ・効用関数：$U＝XL$
- ・X 財の価格：$P_x＝12$
- ・名目賃金率：$W＝8$
- ・利用可能時間：$T＝24$

労働時間	（1）		U：効用水準
予算制約式	（2）		X：X財の消費量
余暇時間の限界効用	（3）		M：所得（予算）
X 財の限界効用	（4）		T：利用可能時間
限界代替率	（5）		N：労働時間
実質賃金率	（6）		L：余暇時間
効用最大化条件	（7）		P_x：X財の価格
最適余暇時間	（8）		W：名目賃金率
X 財の最適消費量	（9）		MU_L：余暇時間の限界効用
最適労働供給時間	（10）		MU_x：X財の限界効用
最適時の効用	（11）		MRS：限界代替率

（1）労働時間

◎労働時間
数式　$N＝T－L$

$T＝24$
↓　あてはめ
$\boxed{N＝T－L}$ …労働時間
$N＝24－L$

（2）予算制約式

◎予算制約式
数式
$M＝W（T－L）$
↓　変形
$W（T－L）＝P_xX$

導出
$M＝W（T－L）$
↓　あてはめ
$\boxed{M＝P_xX}$
$W（T－L）＝P_xX$

X 財の消費に関連していれば（本書では問題1-6と1-7），後者，そうでなければ（本書では問題1-8），前者の予算制約式を用いる。

この式は，所得をX財に全て消費することを意味しており，予算制約式である。

$\begin{cases} T＝24 \\ W＝8 \\ P_x＝12 \end{cases}$

1－6

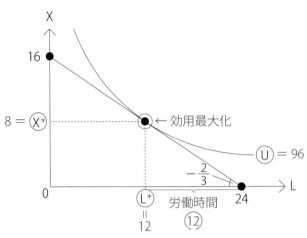

8 ＝ (X*)　← 効用最大化

(U) ＝ 96

$-\dfrac{2}{3}$

0　(L*)＝12　労働時間　⑫　24

↓　あてはめ

$\boxed{W\,(T-L)=P_X X}$ …予算制約式

$8\,(24-L)=12X$

↓　「X＝～」へ変形

$192-8L=12X$

$12X=192-8L$

$X=\dfrac{192}{12}-\dfrac{8}{12}L$

$X=16-\dfrac{2}{3}L$

> 縦軸がXの場合，「X＝～」の形にすることで，傾きと切片が明らかになる。

$X=\left(-\dfrac{2}{3}\right)L+⑯$ …予算制約式

↓傾き　↓切片

(cf) 横軸切片の導出

$X=0$

↓　代入

> 縦軸がX，横軸がLの場合，X＝0の場合のLの値であるから，予算制約式のXに0を代入し，Lについて解くことで，横軸切片が明らかになる。

$\boxed{X=-\dfrac{2}{3}L+16}$ …予算制約式

$0=-\dfrac{2}{3}L+16$

$\dfrac{2}{3}L=16$

$L=16\times\dfrac{3}{2}$

$L=24$

（3）余暇時間の限界効用

$U=XL$

↓　微分する場合は指数を明示する

$U=X^1 L^1$

↓　Lで微分

$MU_L=1\times X^1 L^{1-1}$

$MU_L=X^1 L^0$

$MU_L=X\times 1$

$MU_L=X$

（4）X財の限界効用

$U=XL$

↓　微分する場合は指数を明示する

$U=X^1 L^1$

↓　Xで微分

$MU_X=1\times X^{1-1} L^1$

$MU_X=X^0 L^1$

$MU_X=1\times L$

$MU_X=L$

（5）限界代替率

◎限界代替率

定義

限界代替率：余暇時間を 1 単位増やせるならば，X 財（あるいは，所得）を最大でどれだけ諦めても良いのかを表す概念

数式 $MRS = \dfrac{MU_L}{MU_X}$

$\begin{cases} MU_L = X \\ MU_X = L \end{cases}$

↓ あてはめ

縦軸がX，横軸がLの場合，限界代替率は，この式で表現される。

$MRS = \dfrac{MU_L}{MU_X}$ …限界代替率

$MRS = \dfrac{X}{L}$

（6）実質賃金率

◎実質賃金率

定義

実質賃金率：名目賃金率（≒時給）でX財を何個購入できるかを表す概念

数式 実質賃金率 $= \dfrac{W}{P_X}$

$\begin{cases} W = 8 \\ P_X = 12 \end{cases}$

↓ あてはめ

実質賃金率 $= \dfrac{W}{P_X}$ …実質賃金率

実質賃金率 $= \dfrac{8}{12}$

実質賃金率 $= \dfrac{2}{3}$

（7）効用最大化条件

◎効用最大化条件

数式 $MRS =$ 実質賃金率

この式は，無差別曲線の接線の傾きの大きさと予算制約線の傾きの大きさが一致していることを示している。

$\begin{cases} MRS = \dfrac{X}{L} \\ 実質賃金率 = \dfrac{2}{3} \end{cases}$

↓ あてはめ

$MRS =$ 実質賃金率 …効用最大化条件

$\dfrac{X}{L} = \dfrac{2}{3}$

$X = \dfrac{2}{3}L$ …効用最大化条件

（8）最適余暇時間

$\begin{cases} X = -\dfrac{2}{3}L + 16 & \cdots予算制約式 \\ X = \dfrac{2}{3}L & \cdots効用最大化条件 \end{cases}$

↓ 連立方程式を解く

$-\dfrac{2}{3}L + 16 = \dfrac{2}{3}L$

$-\dfrac{2}{3}L - \dfrac{2}{3}L = -16$

$-\dfrac{4}{3}L = -16$

$\dfrac{4}{3}L = 16$

最適消費量は，予算制約式と効用最大化条件の双方を満たす必要がある。したがって，予算制約式と効用最大化条件からなる連立方程式を解けば最適消費量が明らかになる。

$L = 16 \times \dfrac{3}{4}$

$L = 12$

↓ 変形

余暇時間の最適消費量をL*とする。

$L^* = 12$

（9）X財の最適消費量

$L = 12$

↓ 代入

$\boxed{X = \dfrac{2}{3}L}$ …効用最大化条件

$X = \dfrac{2}{3} \times 12$

$X = 8$

↓ 変形 ── X財の最適消費量をX*とする。

$X^* = 8$

（10）最適労働供給時間

$\begin{cases} T = 24 \\ L = 12 \end{cases}$

↓ 代入

$\boxed{N = T - L}$ …労働時間

$N = 24 - 12$

$N = 12$ …最適労働供給

（11）最適時の効用

$\begin{cases} L = 12 \\ X = 8 \end{cases}$

↓ 代入

$\boxed{U = XL}$ …効用関数

$U = 8 \times 12$

$U = 96$

問題1-7 **最適労働供給②** ★★

家計 A の効用関数，X 財の価格，名目賃金率，利用可能時間が以下のように与えられている。また，X 財へ消費税 10% が課されているとする。そこで，以下の表を完成させなさい。

- ・効用関数：$U = 5XL - X^2 - L^2$
- ・X 財の価格：$P_x = 1,000$
- ・名目賃金率：$W = 1,100$
- ・利用可能時間：$T = 20$
- ・消費税率：$t = 0.1$（10%）

X 財の税込価格	（1）
労働時間	（2）
予算制約式	（3）
余暇時間の限界効用	（4）
X 財の限界効用	（5）
限界代替率	（6）
課税後の実質賃金率	（7）
効用最大化条件	（8）
最適余暇時間	（9）
X 財の最適消費量	（10）
最適労働供給時間	（11）
最適時の効用	（12）
消費税収	（13）

U：効用水準
X：X財の消費量
M：所得（予算）
T：利用可能時間
N：労働時間
L：余暇時間
P_x：X財の価格
t：消費税率
P'_x：X財の税込価格
W：名目賃金率
MU_L：余暇時間の限界効用
MU_x：X財の限界効用
MRS：限界代替率

（1）X 財の税込価格

◎ X 財の税込価格
数式　$P'_x = (1+t) P_x$

$$\begin{cases} P_x = 1,000 \\ t = 0.1 \end{cases}$$

↓　代入

$P'_x = (1+t) P_x$ … X 財の税込価格

$P'_x = (1+0.1) \times 1,000$

$P'_x = 1.1 \times 1,000$

$P'_x = 1,100$

（2）労働時間

$T = 20$

↓　あてはめ

$N = T - L$ … 労働時間

$N = 20 - L$

（3）予算制約式

$$\begin{cases} T = 20 \\ W = 1,100 \\ P'_x = 1,100 \end{cases}$$

↓　あてはめ

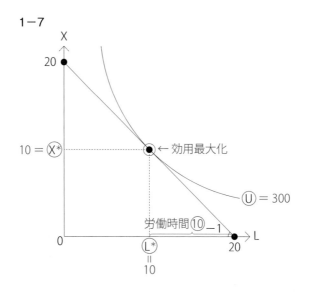

1－7

効用最大化 ← ○U = 300

労働時間 ⑩－1

L* = 10

$\boxed{W\,(T-L)\,=P'_X X}$ …予算制約式

$1{,}100 \times (20-L) = 1{,}100X$

↓ 「X=〜」へ変形

> 税が課されたため、X財の税込価格を用いる。

$20 - L = X$

$-X = L - 20$

$X = -L + 20$ …予算制約式

$X = \boxed{-1} \times L + \boxed{20}$

↳傾き ↳切片

(cf) 横軸切片の導出

$X = 0$

↓ 代入

$\boxed{X = -L + 20}$ …予算制約式

$0 = -L + 20$

$L = 20$

（4）余暇時間の限界効用

$U = 5XL - X^2 - L^2$

↓ 微分する場合は指数を明示する

$U = 5X^1 L^1 - X^2 - L^2$

↓ Lで微分

$MU_L = 1 \times 5X^1 L^{1-1} - 2 \times L^{2-1}$

$MU_L = 5X^1 L^0 - 2L^1$

$MU_L = 5X \times 1 - 2L$

$MU_L = 5X - 2L$

（5）X財の限界効用

$U = 5XL - X^2 - L^2$

↓ 微分する場合は指数を明示する

$U = 5X^1 L^1 - X^2 - L^2$

↓ Xで微分

$MU_X = 1 \times 5X^{1-1} L^1 - 2 \times X^{2-1}$

$MU_X = 5X^0 L^1 - 2X^1$

$MU_X = 5 \times 1 \times L - 2X$

$MU_X = 5L - 2X$

（6）限界代替率

$\begin{cases} MU_L = 5X - 2L \\ MU_X = 5L - 2X \end{cases}$

↓ あてはめ

$\boxed{MRS = \dfrac{MU_L}{MU_X}}$ …限界代替率

$MRS = \dfrac{5X - 2L}{5L - 2X}$

（7）課税後の実質賃金率

$\begin{cases} W = 1{,}100 \\ P'_X = 1{,}100 \end{cases}$

↓ あてはめ

$$実質賃金率 = \frac{W}{P'_X} \cdots 実質賃金率$$

$$実質賃金率 = \frac{1,100}{1,100}$$

税が課されたため，X財の税込価格を用いる。

$$実質賃金率 = \frac{1}{1}$$

$$実質賃金率 = 1$$

（8）効用最大化条件

$$
\begin{cases}
MRS = \dfrac{5X - 2L}{5L - 2X} \\
実質賃金率 = 1
\end{cases}
$$

↓ あてはめ

$$MRS = 実質賃金率 \cdots 効用最大化条件$$

$$\frac{5X - 2L}{5L - 2X} = 1$$

$$5X - 2L = 5L - 2X$$

$$X = L \cdots 効用最大化条件$$

（9）最適余暇時間

$$
\begin{cases}
X = -L + 20 \cdots 予算制約式 \\
X = L \cdots 効用最大化条件
\end{cases}
$$

↓ 連立方程式を解く

$$-L + 20 = L$$

$$-L - L = -20$$

$$L + L = 20$$

$$2L = 20$$

$$L = 10$$

↓ 変形 ── 余暇時間の最適消費量をL*とする。

$$L^* = 10$$

（10）X財の最適消費量

$$L = 10$$

↓ 代入

$$X = L \cdots 効用最大化条件$$

$$X = 10$$

↓ 変形 ── X財の最適消費量をX*とする。

$$X^* = 10$$

（11）最適労働供給時間

$$
\begin{cases}
T = 20 \\
L = 10
\end{cases}
$$

↓ 代入

$$N = T - L \cdots 労働時間$$

$$N = 20 \quad 10$$

$$N = 10 \cdots 最適労働供給$$

（12）最適時の効用

$$
\begin{cases}
L = 10 \\
X = 10
\end{cases}
$$

↓ 代入

$$U = 5XL - X^2 - L^2 \cdots 効用関数$$

$$U = 5 \times 10 \times 10 - 10^2 - 10^2$$

$$U = 500 - 100 - 100$$

$$U = 300$$

（13）消費税収

◎消費税収

数式 $消費税収 = tP_X X$

$$
\begin{cases}
t = 0.1 \\
P_X = 1,000 \\
X = 10
\end{cases}
$$

↓ 代入

$$消費税収 = tP_X X$$

$$消費税収 = 0.1 \times 1,000 \times 10$$

$$消費税収 = 1,000$$

最適労働供給③ ★

家計Aの効用関数，名目賃金率，利用可能時間が以下のように与えられている。そこで，以下の表を完成させなさい。

- 効用関数：$U = 2M^{0.6}L^{0.4}$
- 名目賃金率：$W = 4$
- 利用可能時間：$T = 365$

労働時間	（1）
予算制約式	（2）
余暇時間の限界効用	（3）
所得の限界効用	（4）
限界代替率	（5）
効用最大化条件	（6）
最適余暇時間	（7）
最適所得水準	（8）
最適労働供給時間	（9）

U：効用水準	
M：所得（予算）	
T：利用可能時間	
N：労働時間	
L：余暇時間	
W：名目賃金率	
MU_L：余暇時間の限界効用	
MU_M：所得の限界効用	
MRS：限界代替率	

（注）（2）はMを用いて示すこと。

（1）労働時間

$T = 365$

↓ あてはめ

$\boxed{N = T - L}$ …労働時間

$N = 365 - L$

本問では，P31で示した前者の方の予算制約式を用いる。本問では，所得をX財の消費へ回すという設定ではないからである。

（2）予算制約式

$\begin{cases} T = 365 \\ W = 4 \end{cases}$

↓ あてはめ

$\boxed{M = W(T - L)}$ …予算制約式

$M = 4(365 - L)$

$M = 1,460 - 4L$

$M = \underbrace{-4L}_{傾き} + \underbrace{1,460}_{切片}$ ・・・予算制約式

（cf）横軸切片の導出

$M = 0$

↓ 代入

$\boxed{M = -4L + 1,460}$ …予算制約式

$0 = -4L + 1,460$

$4L = 1,460$

$L = 365$

（3）余暇時間の限界効用

$U = 2M^{0.6}L^{0.4}$

↓ Lで微分

$MU_L = 0.4 \times 2M^{0.6}L^{0.4-1}$

$MU_L = 0.8M^{0.6}L^{-0.6}$

（4）所得の限界効用

$U = 2M^{0.6}L^{0.4}$

↓ Mで微分

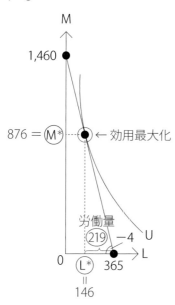

$$MU_M = 0.6 \times 2M^{0.6-1}L^{0.4}$$
$$MU_M = 1.2M^{-0.4}L^{0.4}$$

（5）限界代替率

$$\begin{cases} MU_L = 0.8M^{0.6}L^{-0.6} \\ MU_M = 1.2M^{-0.4}L^{0.4} \end{cases}$$

↓　あてはめ

$\boxed{MRS = \dfrac{MU_L}{MU_M}}$ …限界代替率

$$MRS = \frac{0.8M^{0.6}L^{-0.6}}{1.2M^{-0.4}L^{0.4}}$$

$$MRS = \frac{8M^{0.6}L^{-0.6}}{12M^{-0.4}L^{0.4}}$$

$$MRS = \frac{2M^{0.6}L^{-0.6}}{3M^{-0.4}L^{0.4}}$$

$$MRS = \frac{2M^{0.6}M^{0.4}}{3L^{0.4}L^{0.6}}$$

$$MRS = \frac{2M^{0.6+0.4}}{3L^{0.4+0.6}}$$

$$MRS = \frac{2M^{1}}{3L^{1}}$$

$$MRS = \frac{2M}{3L}$$

（6）効用最大化条件

◎効用最大化条件

数式　$MRS = W$

本問は問題1−6，1−7とは異なり，予算制約線の傾きの大きさが，$\dfrac{W}{P_X}$ ではなく，W となっていることに注意すること。

$$\begin{cases} MRS = \dfrac{2M}{3L} \\ W = 4 \end{cases}$$

↓　あてはめ

$\boxed{MRS = W}$ …効用最大化条件

$$\frac{2M}{3L} = 4$$

$$M = 6L \cdots 効用最大化条件$$

（7）最適余暇時間

$$\begin{cases} M = -4L + 1{,}460 \cdots 予算制約式 \\ M = 6L \cdots 効用最大化条件 \end{cases}$$

↓　連立方程式を解く

$$-4L + 1{,}460 = 6L$$
$$-4L - 6L = -1{,}460$$
$$-10L = -1{,}460$$
$$10L = 1{,}460$$
$$L = 146$$

↓　変形 — 余暇時間の最適消費量をL*とする。

$$L^* = 146$$

（8）最適所得水準

$$L = 146$$

↓　代入

$\boxed{M = 6L}$ …効用最大化条件

$$M = 876$$

↓　変形 — 効用最大化を実現する所得をM*とする。

$$M^* = 876$$

（9）最適労働供給時間

$$\begin{cases} T = 365 \\ L = 146 \end{cases}$$

↓　代入

$\boxed{N = T - L}$ …労働時間

$N = 365 - 146$

$N = 219$ …最適労働供給時間

家計 A の効用関数，今期の所得，来期の所得，利子率が以下のように与えられている。なお，この時，貯蓄や借入が自由にできるとする。そこで，以下の表を完成させなさい。

・効用関数：$U = C_1 C_2$
・今期の所得：$Y_1 = 600$
・来期の所得：$Y_2 = 480$
・利　子　率：$i = 0.2$（20%）

今期の予算制約式	（1）	U：効用水準
来期の予算制約式	（2）	Y_1：今期の所得
生涯にわたる予算制約式	（3）	Y_2：来期の所得
今期の消費の限界効用	（4）	S：貯蓄
来期の消費の限界効用	（5）	C_1：今期の消費
限界代替率	（6）	C_2：来期の消費
効用最大化条件	（7）	i：利子率
今期の最適消費	（8）	MU_1：今期の消費の限界効用
来期の最適消費	（9）	
最適貯蓄	（10）	MU_2：来期の消費の限界効用
最適時の効用	（11）	MRS：限界代替率

（1）今期の予算制約式

◎今期の予算制約式

数式　$Y_1 - S = C_1$

（cf）貯蓄の導出

$Y_1 - S = C_1$

↓　変形

$S = Y_1 - C_1$

$Y_1 = 600$

↓　あてはめ

$Y_1 - S = C_1$…今期の予算制約式

$600 - S = C_1$

左辺の $Y_1 - S$ は今期の予算を意味する。

（2）来期の予算制約式

◎来期の予算制約式

数式　$(1+i)S + Y_2 = C_2$

$\begin{cases} Y_2 = 480 \\ i = 0.2 \end{cases}$

↓　あてはめ

左辺の $(1+i)S + Y_2$ は来期の予算を意味する。

$(1+i)S + Y_2 = C_2$…来期の予算制約式

$(1+0.2)S + 480 = C_2$

$1.2S + 480 = C_2$

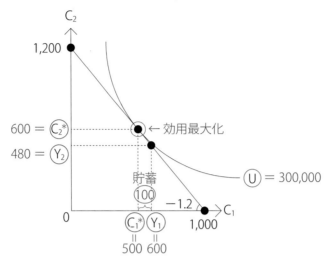

1-9

（3）生涯にわたる予算制約式

◎生涯にわたる予算制約式

数式

$$Y_1 + \frac{Y_2}{(1+i)} = C_1 + \frac{C_2}{(1+i)}$$

導出

$S = Y_1 - C_1$

生涯にわたる予算制約式は，今期の予算制約式（「貯蓄＝～」へと変形した式）と来期の予算制約式を一本化することで明らかになる。

↓ 代入

$(1+i)\ S + Y_2 = C_2$ …来期の予算制約式

$(1+i)\ (Y_1 - C_1)\ + Y_2 = C_2$

$(Y_1 - C_1) + \frac{Y_2}{(1+i)} = \frac{C_2}{(1+i)}$

$Y_1 + \frac{Y_2}{(1+i)} = C_1 + \frac{C_2}{(1+i)}$

$\begin{cases} Y_1 = 600 \\ Y_2 = 480 \\ i = 0.2 \end{cases}$

↓ あてはめ

$$Y_1 + \frac{Y_2}{(1+i)} = C_1 + \frac{C_2}{(1+i)}$$

…生涯にわたる予算制約式

$$600 + \frac{480}{(1+0.2)} = C_1 + \frac{C_2}{(1+0.2)}$$

↓ 「$C_2 =$ ～」へ変形

$(1+0.2) \times 600 + 480 = (1+0.2)\ C_1 + C_2$

$720 + 480 = 1.2C_1 + C_2$

$1,200 = 1.2C_1 + C_2$

$-C_2 = 1.2C_1 - 1,200$

$C_2 = -1.2C_1 + 1,200$

↓傾き ↓切片

縦軸がC_2の場合，「$C_2 =$～」の形にすることで，傾きと切片が明らかになる。

(cf) 横軸切片の導出

$C_2 = 0$

縦軸がC_2，横軸がC_1の場合，横軸切片は$C_2 = 0$の場合のC_1の値であるから，予算制約式のC_2に0を代入し，C_1について解くことで，横軸切片が明らかになる。

↓ 代入

$C_2 = -1.2C_1 + 1,200$

…予算制約式

$0 = -1.2C_1 + 1,200$

↓ 「$C_1 =$ ～」へ変形

$1.2C_1 = 1,200$

$C_1 = 1,000$

（4）今期の消費の限界効用

$U = C_1 C_2$

↓　微分する場合は指数を明示する

$U = C_1^{\ 1} C_2^{\ 1}$

↓　C_1で微分

$MU_1 = 1 \times C_1^{\ 1-1} C_2^{\ 1}$

$MU_1 = C_1^{\ 0} C_2^{\ 1}$

$MU_1 = 1 \times C_2$

$MU_1 = C_2$

（5）来期の消費の限界効用

$U = C_1 C_2$

↓　微分する場合は指数を明示する

$U = C_1^{\ 1} C_2^{\ 1}$

↓　C_2で微分

$MU_2 = 1 \times C_1^{\ 1} C_2^{\ 1-1}$

$MU_2 = C_1^{\ 1} C_2^{\ 0}$

$MU_2 = C_1 \times 1$

$MU_2 = C_1$

（6）限界代替率

◎限界代替率

定義

限界代替率：今期の消費量を1単位増
やせるならば，来期の消費量を最大で
どれだけ諦めても良いのかを表す概念

数式

$$MRS = \frac{MU_1}{MU_2}$$

$\begin{cases} MU_1 = C_2 \\ MU_2 = C_1 \end{cases}$

縦軸がC_2，横軸がC_1の場
合，限界代替率は，こ
の式で表現される。

↓　あてはめ

$MRS = \dfrac{MU_1}{MU_2}$ …限界代替率

$MRS = \dfrac{C_2}{C_1}$

（7）効用最大化条件

◎効用最大化条件

数式　$MRS = 1 + i$

$\begin{cases} MRS = \dfrac{C_2}{C_1} \\ i = 0.2 \end{cases}$

この式は，無差別曲線
の接線の傾きの大きさ
と予算制約線の傾きの
大きさが一致している
ことを示している。

↓　あてはめ

$MRS = 1 + i$　…効用最大化条件

$\dfrac{C_2}{C_1} = 1 + 0.2$

$\dfrac{C_2}{C_1} = 1.2$

$C_2 = 1.2 C_1$ …効用最大化条件

（8）今期の最適消費

$\begin{cases} C_2 = -1.2 C_1 + 1{,}200 \text{ …予算制約式} \\ C_2 = 1.2 C_1 \text{ …効用最大化条件} \end{cases}$

↓　連立方程式を解く

$-1.2 C_1 + 1{,}200 = 1.2 C_1$

$-1.2 C_1 - 1.2 C_1 = -1{,}200$

$-2.4 C_1 = -1{,}200$

$2.4 C_1 = 1{,}200$

$C_1 = 500$

最適消費量は，予算
制約式と効用最大化
条件の双方を満たす
必要がある。したが
って，予算制約式と
効用最大化条件から
なる連立方程式を解
けば最適消費量が明
らかになる。

↓　変形

$C_1^* = 500$

今期の最適消費量
をC_1^*とする。

（9）来期の最適消費

$C_1 = 500$

↓　代入

$C_2 = 1.2 C_1$ …効用最大化条件

$C_2 = 1.2 \times 500$

$C_2 = 600$

↓　変形

来期の最適消費量
をC_2^*とする。

$C_2^* = 600$

（10）最適貯蓄

$$\begin{cases} Y_1 = 600 \\ C_1 = 500 \end{cases}$$

↓　代入

$\boxed{S = Y_1 - C_1}$ …貯蓄

$S = 600 - 500$

$S = 100$

（11）最適時の効用

$$\begin{cases} C_1 = 500 \\ C_2 = 600 \end{cases}$$

↓　代入

$\boxed{U = C_1 C_2}$ …効用関数

$U = 500 \times 600$

$U = 300{,}000$

異時点間最適消費② ★★★

家計 A の効用関数，今期の所得，来期の所得，利子率，所得税率が以下のように与えられている。また，今期の所得と来期の利子収入には 20% の所得税が課せられるものとする。なお，この時，貯蓄や借入が自由にできるとする。そこで，以下の表を完成させなさい。

- 効用関数：$U = 10{C_1}^{0.5}{C_2}^{0.5}$
- 今期の所得：$Y_1 = 1,000$
- 来期の所得：$Y_2 = 540$
- 利 子 率：$i = 0.1$（10%）
- 所得税率：$t = 0.2$（20%）

	課税後
今期の税引後所得	（1）
税引後利子率	（2）
今期の予算制約式	（3）
来期の予算制約式	（4）
生涯にわたる予算制約式	（5）
今期の消費の限界効用	（6）
来期の消費の限界効用	（7）
限界代替率	（8）
効用最大化条件	（9）
今期の最適消費	（10）
来期の最適消費	（11）
最適貯蓄	（12）

U：効用水準
Y_1：今期の所得
$Y_1{}'$：今期の税引後所得
Y_2：来期の所得
$Y_2{}'$：来期の税引後所得
S：貯蓄
C_1：今期の消費
C_2：来期の消費
i：利子率
MU_1：今期の消費の限界効用
MU_2：来期の消費の限界効用
MRS：限界代替率
i'：税引後利子率
t：所得税率

（1）今期の税引後所得

◎今期の税引後所得
数式 $Y_1{}' = (1-t)\,Y_1$

$$\begin{cases} t = 0.2 \\ Y_1 = 1,000 \end{cases}$$

↓ あてはめ

$Y_1{}' = (1-t)\,Y_1$ …今期の税引後所得

$Y_1{}' = (1-0.2) \times 1,000$

$Y_1{}' = 0.8 \times 1,000$

$Y_1{}' = 800$

（2）税引後利子率

◎税引後利子率
数式 $i' = (1-t)\,i$

$$\begin{cases} t = 0.2 \\ i = 0.1 \end{cases}$$

↓ あてはめ

$i' = (1-t)\,i$ …税引後利子率

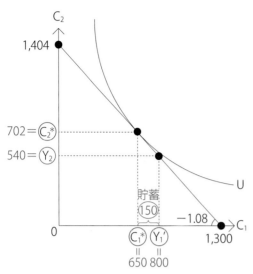

$$i' = (1-0.2) \times 0.1$$

$$i' = 0.8 \times 0.1$$

$$i' = 0.08$$

税が課されたため，今期の税引後所得を用いる。

（3）今期の予算制約式

$$Y_1' = 800$$

↓　あてはめ

$$\boxed{Y_1' - S = C_1} \cdots 今期の予算制約式$$

$$800 - S = C_1$$

（4）来期の予算制約式

$$\begin{cases} Y_2 = 540 \\ i' = 0.08 \end{cases}$$

税が課されたため，税引後利子率を用いる。

↓　あてはめ

$$\boxed{(1+i')S + Y_2 = C_2} \cdots 来期の予算制約式$$

$$(1+0.08)S + 540 = C_2$$

$$1.08S + 540 = C_2$$

（5）生涯にわたる予算制約式

$$\begin{cases} Y_1' = 800 \\ Y_2 = 540 \\ i' = 0.08 \end{cases}$$

税が課されたため，税引後の今期の所得と利子率を用いる。

↓　あてはめ

$$\boxed{Y_1' + \frac{Y_2}{(1+i')} = C_1 + \frac{C_2}{(1+i')}}$$

…生涯にわたる予算制約式

$$800 + \frac{540}{(1+0.08)} = C_1 + \frac{C_2}{(1+0.08)}$$

↓　「$C_2 = \sim$」へ変形

$$1.08 \times 800 + 540 = 1.08C_1 + C_2$$

$$864 + 540 = 1.08C_1 + C_2$$

$$1,404 = 1.08C_1 + C_2$$

$$-C_2 = 1.08C_1 - 1,404$$

$$C_2 = \boxed{-1.08}C_1 + \boxed{1,404}$$

↓傾き　↓切片

（cf）横軸切片の導出

$$C_2 = 0$$

↓　代入

$$\boxed{C_2 = -1.08C_1 + 1,404} \cdots 予算制約式$$

$$0 = -1.08C_1 + 1,404$$

↓　「$C_1 = \sim$」へ変形

$$1.08C_1 = 1,404$$

$$C_1 = 1,300$$

（6）今期の消費の限界効用

$$U = 10C_1^{0.5}C_2^{0.5}$$

↓　C_1 で微分

$$MU_1 = 0.5 \times 10C_1^{0.5-1}C_2^{0.5}$$

$$MU_1 = 5C_1^{-0.5}C_2^{0.5}$$

（7）来期の消費の限界効用

$$U = 10C_1^{0.5}C_2^{0.5}$$

↓　C_2 で微分

$$MU_2 = 0.5 \times 10C_1^{0.5}C_2^{0.5-1}$$

$$MU_2 = 5C_1^{0.5}C_2^{-0.5}$$

（8）限界代替率

$$\begin{cases} MU_1 = 5C_1^{-0.5}C_2^{0.5} \\ MU_2 = 5C_1^{0.5}C_2^{-0.5} \end{cases}$$

↓ あてはめ

$$MRS = \frac{MU_1}{MU_2} \cdots 限界代替率$$

$$MRS = \frac{5C_1^{-0.5}C_2^{0.5}}{5C_1^{0.5}C_2^{-0.5}}$$

$$MRS = \frac{C_1^{-0.5}C_2^{0.5}}{C_1^{0.5}C_2^{-0.5}}$$

$$MRS = \frac{C_2^{0.5}C_2^{0.5}}{C_1^{0.5}C_1^{0.5}}$$

$$MRS = \frac{C_2^{0.5+0.5}}{C_1^{0.5+0.5}}$$

$$MRS = \frac{C_2^1}{C_1^1}$$

$$MRS = \frac{C_2}{C_1}$$

（9）効用最大化条件

$$\begin{cases} MRS = \dfrac{C_2}{C_1} \\ i' = 0.08 \end{cases}$$ 税が課されたため，税引後利子率を用いる。

↓ あてはめ

$$MRS = 1 + i' \cdots 効用最大化条件$$

$$\frac{C_2}{C_1} = 1 + 0.08$$

$$\frac{C_2}{C_1} = 1.08$$

$$C_2 = 1.08C_1 \cdots 効用最大化条件$$

（10）今期の最適消費

$$\begin{cases} C_2 = -1.08C_1 + 1,404 \cdots 予算制約式 \\ C_2 = 1.08C_1 \cdots 効用最大化条件 \end{cases}$$

↓ 連立方程式を解く

$$-1.08C_1 + 1,404 = 1.08C_1$$

$$-1.08C_1 - 1.08C_1 = -1,404$$

$$-2.16C_1 = -1,404$$

$$2.16C_1 = 1,404$$

$$C_1 = 650$$

↓ 変形 — 今期の最適消費量を$C_1{}^*$とする。

$$C_1{}^* = 650$$

（11）来期の最適消費

$$C_1 = 650$$

↓ 代入

$$C_2 = 1.08C_1 \cdots 効用最大化条件$$

$$C_2 = 1.08 \times 650$$

$$C_2 = 702$$

↓ 変形 — 来期の最適消費量を$C_2{}^*$とする。

$$C_2{}^* = 702$$

（12）最適貯蓄

$$\begin{cases} Y_1' = 800 \\ C_1 = 650 \end{cases}$$ 税が課されたため，今期の税引後所得を用いる。

↓ 代入

$$S = Y_1' - C_1 \cdots 貯蓄$$

$$S = 800 - 650$$

$$S = 150$$

第 2 章

企　業

最適生産要素需要①　★

　企業 A の生産関数，X 財の価格，労働の要素価格（名目賃金率），資本の要素価格，資本量が以下のように与えられている。なお，この X 財市場では完全競争市場が成立している。そこで，以下の表を完成させなさい。

- ・企業 A の生産関数：$X = 100K^{\frac{1}{3}}L^{\frac{1}{3}}$
- ・X 財の価格：$P = 400$
- ・労働の要素価格：$W = 100$
- ・資本の要素価格：$R = 20,000$
- ・資本量：$K = 27$

短期生産関数	（1）
労働の限界生産力	（2）
等利潤線	（3）
実質賃金率	（4）
最適労働需要量	（5）
資本装備率	（6）
最適生産量	（7）
最適時の総収入	（8）
最適時の総費用	（9）
最適時の利潤	（10）

X：X財の生産量
L：労働量
K：資本量
P：X財の価格
W：労働の要素価格
R：資本の要素価格
MPL：労働の限界生産力
TR：総収入
TC：総費用
n：利潤

（注）（3）は，数式を $X=$ の形にすること。

（1）短期生産関数

$K = 27$

　↓　代入

短期では資本は固定的な生産要素である。K=27を生産関数に代入することで，短期生産関数が求まる。

$X = 100K^{\frac{1}{3}}L^{\frac{1}{3}}$ …生産関数

$X = 100 \times (27)^{\frac{1}{3}}L^{\frac{1}{3}}$

$X = 100 \times (3^3)^{\frac{1}{3}}L^{\frac{1}{3}}$

$X = 100 \times (3^{3 \times \frac{1}{3}})L^{\frac{1}{3}}$

指数が $\frac{1}{2}$ や $\frac{1}{3}$ などの関数は一次無理関数と呼ばれる。それは2-1のグラフのように描かれる。

$X = 100 \times (3^1)L^{\frac{1}{3}}$

$X = 100 \times 3L^{\frac{1}{3}}$

$X = 300L^{\frac{1}{3}}$ …短期生産関数

（2）労働の限界生産力

◎労働の限界生産力

定義

労働の限界生産力：労働を1単位増やすと，生産量がどれだけ増えるかを表す概念

グラフでは，生産関数の接線の傾きとして示される。

数式

$MPL = \dfrac{\Delta X}{\Delta L}$

導出

生産関数 X を L で微分することで求めることができる。

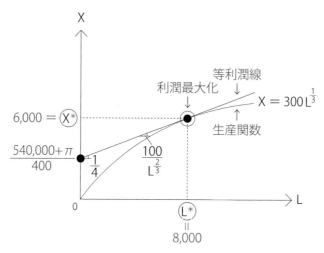

2−1

X

$6,000 = ⓧ*$

等利潤線
↓
利潤最大化 ↓
$X = 300L^{\frac{1}{3}}$
↑
生産関数

$\dfrac{540,000 + \pi}{400}$ ● $\dfrac{1}{4}$ $\dfrac{100}{L^{\frac{2}{3}}}$

0 $Ⓛ*$ L
$=$
$8,000$

$X = 300L^{\frac{1}{3}}$ …短期生産関数

↓ Lで微分

$MPL = \dfrac{1}{3} \times 300L^{\frac{1}{3} - 1}$

$MPL = 100L^{\frac{1}{3} - 1}$

$MPL = 100L^{\frac{1}{3} - \frac{3}{3}}$

$MPL = 100L^{-\frac{2}{3}}$

$MPL = \dfrac{100}{L^{\frac{2}{3}}}$

（3）等利潤線

◎利潤

数式

$\pi = PX - (WL + RK)$ ─┐

$\begin{cases} P = 400 \\ W = 100 \\ R = 20,000 \\ K = 27 \end{cases}$

> *PX*は総収入，
> $(WL + RK)$
> は総費用を意
> 味している。

↓ あてはめ

$\pi = PX - (WL + RK)$ …利潤

↓ 「X=〜」へ変形

$\pi = 400X - (100L + 20,000 \times 27)$

$\pi = 400X - 100L - 540,000$

$-400X = -100L - 540,000 - \pi$

$400X = 100L + 540,000 + \pi$

$X = \dfrac{100}{400}L + \dfrac{540,000 + \pi}{400}$

$X = \underbrace{\left(\dfrac{1}{4}\right)}_{}L + \underbrace{\left(\dfrac{540,000 + \pi}{400}\right)}_{}$

↓傾き ↓切片

> 縦軸がXの場合，
> 「X=〜」の形に
> することで，傾
> きと切片が明ら
> かになる。

（4）実質賃金率

$\begin{cases} P = 400 \\ W = 100 \end{cases}$

↓ あてはめ

実質賃金率 $= \dfrac{W}{P}$ …実質賃金率

実質賃金率 $= \dfrac{100}{400}$

実質賃金率 $= \dfrac{1}{4}$

> グラフでは，生産
> 関数の接線の傾き
> と等利潤線の接線
> の傾きが等しくな
> っている状況とし
> て示される。

（5）最適労働需要量

◎利潤最大化条件 ─┐

数式

$MPL = $ 実質賃金率

$$\begin{cases} MPL = \dfrac{100}{L^{\frac{2}{3}}} \\[3mm] 実質賃金率 = \dfrac{1}{4} \end{cases}$$

↓　あてはめ

$\boxed{MPL = 実質賃金率}\cdots$利潤最大化条件

$$\dfrac{100}{L^{\frac{2}{3}}} = \dfrac{1}{4}$$

$$100 = \dfrac{L^{\frac{2}{3}}}{4}$$

$$400 = L^{\frac{2}{3}}$$

$$400 = L^{2 \times \frac{1}{3}}$$

$$400 = \left(L^2\right)^{\frac{1}{3}}$$

↓　両辺を3乗

$$(400)^3 = \left\{\left(L^2\right)^{\frac{1}{3}}\right\}^3$$

$$400^3 = \left(L^2\right)^{\frac{1}{3} \times 3}$$

$$\left(20^2\right)^3 = \left(L^2\right)^1$$

$$20^{2 \times 3} = L^{2 \times 1}$$

$$20^{3 \times 2} = L^2$$

$$\left(20^3\right)^2 = L^2$$

$$(8{,}000)^2 = L^2$$

$$-L^2 + (8{,}000)^2 = 0$$

$$L^2 - (8{,}000)^2 = 0$$

$$(L + 8{,}000)(L - 8{,}000) = 0$$

$$L = \pm 8{,}000$$

↓　「L ≧ 0」となる

$$L = 8{,}000$$

↓　変形 —— 労働の最適需要量を L* とする。

$$L^* = 8{,}000$$

（6）資本装備率

◎資本装備率

定義

資本装備率：労働一単位当たりの資本（＝設備）を表す概念

数式

$$資本装備率 = \dfrac{K}{L}$$

$$\begin{cases} L = 8{,}000 \\ K = 27 \end{cases}$$

↓　あてはめ

$\boxed{資本装備率 = \dfrac{K}{L}}\cdots$資本装備率

$$資本装備率 = \dfrac{27}{8{,}000}$$

（7）最適生産量

$$L = 8{,}000$$

↓　あてはめ

$\boxed{X = 300L^{\frac{1}{3}}}\cdots$短期生産関数

$$X = 300 \times (8{,}000)^{\frac{1}{3}}$$

$$X = 300 \times \left(20^3\right)^{\frac{1}{3}}$$

$$X = 300 \times 20^{3 \times \frac{1}{3}}$$

$$X = 300 \times 20^1$$

$$X = 300 \times 20$$

$$X = 6{,}000$$

↓　変形 —— 最適生産量を X* とする。

$$X^* = 6{,}000$$

（8）最適時の総収入

$$\begin{cases} P = 400 \\ X = 6{,}000 \end{cases}$$

↓　代入

$\boxed{TR = PX}\cdots$総収入

$$TR = 400 \times 6{,}000$$

$$TR = 2{,}400{,}000$$

（9）最適時の総費用

$$\begin{cases} W = 100 \\ R = 20,000 \\ L = 8,000 \\ K = 27 \end{cases}$$

↓　代入

$\boxed{TC = WL + RK}$ …総費用

$TC = 100 \times 8,000 + 20,000 \times 27$

$TC = 800,000 + 540,000$

$TC = 1,340,000$

（10）最適時の利潤

$$\begin{cases} TR = 2,400,000 \\ TC = 1,340,000 \end{cases}$$

↓　代入

$\boxed{\pi = TR - TC}$ …利潤

$\pi = 2,400,000 - 1,340,000$

$\pi = 1,060,000$

最適生産要素需要②　★★

　企業Aの生産関数，X財の価格，労働の要素価格（名目賃金率），資本の要素価格，X財の目標生産量が以下のように与えられている。なお，このX財市場では完全競争市場が成立している。そこで，以下の表を完成させなさい。

- ・企業Aの生産関数：$X = 2LK$
- ・X財の価格：$P = 150$
- ・労働の要素価格：$W = 1,000$
- ・資本の要素価格：$R = 2,000$
- ・X財の目標生産量：$X = 400$

等量曲線	（1）
費用方程式	（2）
労働の限界生産力	（3）
資本の限界生産力	（4）
技術的限界代替率	（5）
生産要素の相対価格	（6）
費用最小化条件	（7）
最適労働需要量	（8）
最適資本需要量	（9）
資本装備率	（10）
最適時の総収入	（11）
最適時の総費用	（12）
最適時の利潤	（13）

X：X財の生産量
L：労働量
K：資本量
P：X財の価格
W：労働の要素価格
R：資本の要素価格
MPL：労働の限界生産力
MPK：資本の限界生産力
$MRTS$：技術的限界代替率
TR：総収入
TC：総費用
π：利潤

（注）（1）は，$X = 400$ の場合の等量曲線を $K =$ の形で示すこと。

（1）等量曲線

$X = 400$

　↓　代入

$\boxed{X = 2LK}$ …生産関数

$400 = 2LK$

$200 = LK$

$LK = 200$

$K = \dfrac{200}{L}$ …分数関数

等（算出）量曲線は，生産における無差別曲線とも呼ばれる。生産量の値を生産関数に代入することで求まる。

分数関数は原点に対して凸型の曲線となる。

（2）費用方程式

◎費用方程式
数式　$TC = WL + RK$

費用方程式は，生産における予算制約線，あるいは，等費用線とも呼ばれる。総費用（TC）は，労働にかかった費用（WL）と資本にかかった費用（RK）の合計となる。

2-2

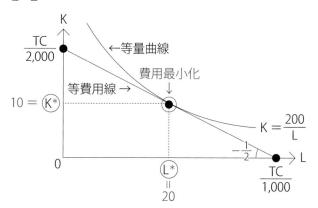

$$\begin{cases} W = 1,000 \\ R = 2,000 \end{cases}$$

↓ あてはめ

$\boxed{TC = WL + RK}$ …費用方程式

$TC = 1,000L + 2,000K$

$-2,000K = 1,000L - TC$

$2,000K = -1,000L + TC$

$K = \boxed{-\dfrac{1}{2}}L + \boxed{\dfrac{TC}{2,000}}$

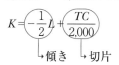

→傾き　→切片

(cf) 横軸切片の導出

$K = 0$

↓ 代入

$\boxed{K = -\dfrac{1}{2}L + \dfrac{TC}{2,000}}$ …費用方程式

$0 = -\dfrac{1}{2}L + \dfrac{TC}{2,000}$

↓ 「L=〜」へ変形

$\dfrac{1}{2}L = \dfrac{TC}{2,000}$

$L = \dfrac{TC}{1,000}$

> 縦軸がK，横軸がLの場合，横軸切片はK=0の場合のLの値であるから，予算制約式のKに0を代入し，Lについて解くことで，横軸切片が明らかになる。

（3）労働の限界生産力

$X = 2LK$ …生産関数

↓ 微分する場合は指数を明示する

$X = 2L^{1}K$

↓ L で微分

$MPL = 2L^{1-1}K$

$MPL = 2L^{0}K$

$MPL = 2 \times 1 \times K$

$MPL = 2K$

（4）資本の限界生産力

◎資本の限界生産力

定義

資本の限界生産力：資本を１単位増やしたら，生産量がどれだけ増加するかを表す概念

数式

$MPK = \dfrac{\Delta X}{\Delta K}$

導出

生産関数を K で微分することで求めることができる。

$X = 2LK$ …生産関数

↓ 微分する場合は指数を明示する

$X = 2LK^{1}$

↓ K で微分

$MPK = 2LK^{1-1}$

$MPK = 2LK^{0}$

$$MPK = 2L \times 1$$

$$MPK = 2L$$

（5）技術的限界代替率

◎技術的限界代替率

定義

技術的限界代替率：労働を1単位増やせるならば，資本を最大でどれだけ減らしても良いのかを表す概念

数式

$$MRTS = \frac{MPL}{MPK}$$

$$\begin{cases} MPL = 2K \\ MPK = 2L \end{cases}$$

↓　あてはめ

$$MRTS = \frac{MPL}{MPK}$$ …技術的限界代替率

$$MRTS = \frac{2K}{2L}$$

$$MRTS = \frac{K}{L}$$

（6）生産要素の相対価格

◎生産要素の相対価格

定義

生産要素の相対価格：取引した場合，労働1単位は資本何単位分かを表す概念

数式

生産要素の相対価格 $= \dfrac{W}{R}$

$$\begin{cases} W = 1,000 \\ R = 2,000 \end{cases}$$

↓　あてはめ

生産要素の相対価格 $= \dfrac{W}{R}$

…生産要素の相対価格

生産要素の相対価格 $= \dfrac{1,000}{2,000}$

生産要素の相対価格 $= \dfrac{1}{2}$

（7）費用最小化条件

◎費用最小化条件

$MRTS = $ 生産要素の相対価格

$$\begin{cases} MRTS = \dfrac{K}{L} \\ 生産要素の相対価格 \\ \quad = \dfrac{1}{2} \end{cases}$$

グラフでは，等量曲線の接線の傾きと等費用線の接線の傾きが等しい状況で示される。

↓　あてはめ

$MRTS = $ 生産要素の相対価格

…費用最小化条件

$$\frac{K}{L} = \frac{1}{2}$$

$$K = \frac{1}{2}L$$

（8）最適労働需要量

$$\begin{cases} K = \dfrac{200}{L} \ \cdots 等量曲線 \\ K = \dfrac{1}{2}L \ \cdots 費用最小化条件 \end{cases}$$

↓　連立方程式を解く

$$\frac{200}{L} = \frac{1}{2}L$$

$$400 = L^2$$

$$20^2 = L^2$$

$$-L^2 + 20^2 = 0$$

$$L^2 - 20^2 = 0$$

最適労働需要量と最適資本需要量は，等量曲線と費用最小化条件の双方を満たす必要がある。したがって，等量曲線と費用最小化条件からなる連立方程式を解けば最適労働需要量と最適資本需要量が明らかになる。

$$(L + 20)(L - 20) = 0$$

$$L = \pm 20$$

↓　「$L \geqq 0$」である

$$L = 20$$

$$\downarrow \quad 変形 ——— \boxed{最適労働需要量をL*とする。}$$

$$L^* = 20$$

（9）最適資本需要量

$$L = 20$$

$$\downarrow \quad 代入$$

$$\boxed{K = \frac{1}{2}L} \cdots 費用最小化条件$$

$$K = \frac{1}{2} \times 20$$

$$K = 10$$

$$\downarrow \quad 変形 ——— \boxed{最適資本需要量をK*とする。}$$

$$K^* = 10$$

（10）資本装備率

$$\begin{cases} L = 20 \\ K = 10 \end{cases}$$

$$\downarrow \quad あてはめ$$

$$\boxed{資本装備率 = \frac{K}{L}} \cdots 資本装備率$$

$$資本装備率 = \frac{10}{20}$$

$$資本装備率 = \frac{1}{2}$$

（11）最適時の総収入

$$\begin{cases} P = 150 \\ X = 400 \end{cases}$$

$$\downarrow \quad あてはめ$$

$$\boxed{TR = PX} \cdots 総収入$$

$$TR = 150 \times 400$$

$$TR = 60,000$$

（12）最適時の総費用

$$\begin{cases} W = 1,000 \\ R = 2,000 \\ L = 20 \\ K = 10 \end{cases}$$

$$\downarrow \quad あてはめ$$

$$\boxed{TC = WL + RK} \cdots 費用方程式$$

$$TC = 1,000 \times 20 + 2,000 \times 10$$

$$TC = 20,000 + 20,000$$

$$TC = 40,000$$

（13）最適時の利潤

$$\begin{cases} TR = 60,000 \\ TC = 40,000 \end{cases}$$

$$\downarrow \quad あてはめ$$

$$\boxed{\pi = TR - TC} \cdots 利潤$$

$$\pi = 60,000 - 40,000$$

$$\pi = 20,000$$

　X財の企業Aの変動費用関数，固定費用，X財の価格が以下のように与えられている。なお，このX財市場では完全競争市場が成立している。そこで，以下の表を完成させなさい。

・企業Aの変動費用関数：$VC = \dfrac{1}{3}X^3 - 6X^2 + 48X$

・企業Aの固定費用：$FC = 0$

・X財の価格：$P = 237$

総収入関数	（1）
限界収入関数	（2）
平均収入関数	（3）
総費用関数	（4）
限界費用関数	（5）
平均費用関数	（6）
最適生産量	（7）
最適時の総収入	（8）
最適時の総費用	（9）
最適時の利潤	（10）

P：価格
X：X財の取引量
TR：総収入
MR：限界収入
AR：平均収入
TC：総費用
VC：変動費用
FC：固定費用
MC：限界費用
AC：平均費用
π：利潤

（1）総収入関数

$P = 237$

　↓　代入

$\boxed{TR = PX}$ …総収入

$TR = 237X$

$TR = \boxed{237} \times X$

　　↳傾き

（2）限界収入関数

◎限界収入

定義

限界収入：生産量を1単位増加したら，総収入がどれだけ増加するかを表す概念

数式

$MR = \dfrac{\Delta TR}{\Delta X}$

導出

総収入関数をXで微分することで求めることができる。

$TR = 237X$

　↓　微分する場合は指数を明示する

$TR = 237X^1$

　↓　Xで微分

$MR = 1 \times 237X^{1-1}$

$MR = 237X^0$

$MR = 237 \times 1$

$MR = 237$

2－3

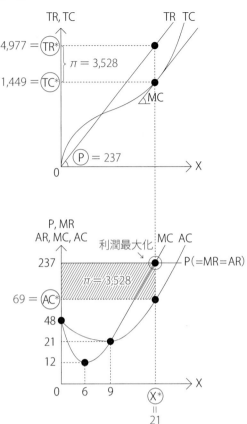

（3）平均収入関数

◎平均収入
定義
平均収入：1個当たりの総収入を表す概念
数式

$$AR = \frac{TR}{X}$$

$$TR = 237X$$

↓ あてはめ

$$\boxed{AR = \frac{TR}{X}} \cdots 平均費用$$

$$AR = \frac{237X}{X}$$

$$AR = 237$$

☆完全競争市場では，以下が成立する。

$$P = MR = AR$$

（4）総費用関数

$$\begin{cases} VC = \frac{1}{3}X^3 - 6X^2 + 48X \\ FC = 0 \end{cases}$$

総費用は，変動費用と固定費用の合計である。

↓ 代入

$$\boxed{TC = VC + FC} \cdots 総費用$$

$$TC = \frac{1}{3}X^3 - 6X^2 + 48X + 0$$

$$TC = \frac{1}{3}X^3 - 6X^2 + 48X$$

グラフでは示しているが，3次関数については，理解を深めなくても試験上は問題ない。なお，多くの場合，総費用関数は，今回のような逆S字型で示される。

（5）限界費用関数

◎限界費用
定義
限界費用：生産量を1単位増加したら，総費用がどれだけ増加するかを表す概念
数式

$$MC = \frac{\Delta TC}{\Delta X}$$

導出
総費用関数をXで微分することで求めることができる。

$$TC = \frac{1}{3}X^3 - 6X^2 + 48X$$

↓ 微分する場合は指数を明示する

$$TC = \frac{1}{3}X^3 - 6X^2 + 48X^1$$

↓ Xで微分

$$MC = 3 \times \frac{1}{3}X^{3-1} - 2 \times 6X^{2-1} + 1 \times 48X^{1-1}$$

$$MC = X^2 - 12X^1 + 48X^0$$

$$MC = X^2 - 12X + 48 \times 1$$

$$MC = X^2 - 12X + 48$$

$$MC = \underset{\text{正の値}}{\underline{1}} \times X^2 - 12X + \underset{\text{切片}}{\underline{48}}$$

→下に凸の放物線

（cf）頂点の導出

$$MC = X^2 - 12X + 48$$

↓　平方完成

平方完成をすることで，二次関数の頂点部分が明らかになる。

$$MC = (X^2 - 12X) + 48$$

$$MC = \left[(X-6)^2 - 6^2 \right] + 48$$

$$MC = \left[(X-6)^2 - 36 \right] + 48$$

$$MC = (X - \underset{}{6})^2 + \underset{}{12}$$

頂点 $(6, 12)$

（6）平均費用関数

◎平均費用

定義

平均費用：1個当たりの総費用を表す概念

数式

$$AC = \frac{TC}{X}$$

$$TC = \frac{1}{3}X^3 - 6X^2 + 48X$$

↓　あてはめ

$$AC = \frac{TC}{X} \cdots 平均費用$$

$$AC = \frac{\frac{1}{3}X^3 - 6X^2 + 48X}{X}$$

$$AC = \frac{1}{3}X^2 - 6X^1 + 48$$

$$AC = \underset{\text{正の値}}{\underline{\frac{1}{3}}}X^2 - 6X + \underset{\text{切片}}{\underline{48}}$$

→下に凸の放物線

（cf）頂点の導出

$$AC = \frac{1}{3}X^2 - 6X + 48$$

↓　平方完成

$$AC = \frac{1}{3}(X^2 - 18X) + 48$$

$$AC = \frac{1}{3}\left[(X-9)^2 - 9^2 \right] + 48$$

$$AC = \frac{1}{3}\left[(X-9)^2 - 81 \right] + 48$$

$$AC = \frac{1}{3}(X-9)^2 - \frac{1}{3} \times 81 + 48$$

$$AC = \frac{1}{3}(X-9)^2 - 27 + 48$$

$$AC = \frac{1}{3}(X - \underset{}{9})^2 + \underset{}{21}$$

頂点 $(9, 21)$

（7）最適生産量

◎利潤最大化条件

数式　$P = MC$

2−3の上の図では，TRの接線の傾きとTCの接線の傾きが等しいことを意味している。また，下の図では，PとMCが交わることを意味している。

$$\begin{cases} P = 237 \\ MC = X^2 - 12X + 48 \end{cases}$$

↓　あてはめ

$$\boxed{P = MC} \cdots 利潤最大化条件$$

均衡取引量は，利潤最大化条件に価格と限界費用関数を代入することで求めることができる。

$$237 = X^2 - 12X + 48$$

$$0 = X^2 - 12X + 48 - 237$$

$$0 = X^2 - 12X - 189$$

60 |

$0 = (X+9)(X-21)$

$X = -9, 21$

↓　「X≧0」となる

$X = 21$

↓　変形 ── 均衡取引量を
X*とする。

$X^* = 21$

（8）最適時の総収入

$\begin{cases} P = 237 \\ X = 21 \end{cases}$

↓　代入

$\boxed{TR = PX}$…総収入

$TR = 237 \times 21$

$TR = 4{,}977$

↓　変形 ── 均衡時総収入を
TR*とする。

$TR^* = 4{,}977$

（9）最適時の総費用

$X = 21$

↓　代入

$\boxed{TC = \dfrac{1}{3}X^3 - 6X^2 + 48X}$…総費用関数

$TC = \dfrac{1}{3} \times 21^3 - 6 \times 21^2 + 48 \times 21$

$TC = 3{,}087 - 2{,}646 + 1{,}008$

$TC = 1{,}449$

↓　変形 ── 均衡時総費用を
TC*とする。

$TC^* = 1{,}449$

（10）最適時の利潤

$\begin{cases} TR = 4{,}977 \\ TC = 1{,}449 \end{cases}$

↓　代入

$\boxed{\pi = TR - TC}$…利潤

$\pi = 4{,}977 - 1{,}449$

$\pi = 3{,}528$

(cf) AC* の導出

$X = 21$

↓　代入

$\boxed{AC = \dfrac{1}{3}(X-9)^2 + 21}$…平均費用

$AC = \dfrac{1}{3}(21-9)^2 + 21$

$AC = \dfrac{1}{3} \times (12)^2 + 21$

$AC = \dfrac{1}{3} \times 12 \times 12 + 21$

$AC = 4 \times 12 + 21$

$AC = 48 + 21$

$AC = 69$

↓　変形 ── 均衡時平均費用
をAC*とする。

$AC^* = 69$

(cf) π の計算（別解）

$\begin{cases} P = 237 \\ AC^* = 69 \\ X^* = 21 \end{cases}$

↓　あてはめ

$\boxed{\pi = (P - AC^*)\, X^*}$…利潤

$\pi = (237 - 69) \times 21$

$\pi = 168 \times 21$

$\pi = 3{,}528$

> Pは1個当たりの収入，AC*は1個当たりの費用であるから，その差額である（P－AC*）は1個当たりの利潤となる。その（P－AC*）にX*をかけることで，利潤を求めることができる。

最適生産② ★★★

X財の企業Aの変動費用関数，固定費用が以下のように与えられている。なお，このX財市場では完全競争市場が成立している。そこで，以下の表を完成させなさい。

- 企業Aの変動費用関数：$VC = X^2 + 10X$
- 企業Aの固定費用：$FC = 144$

	損益分岐点	操業停止点
総費用関数	（1）	
限界費用関数	（2）	
平均費用関数	（3）	
平均変動費用関数	（4）	
利潤最大化条件	（5）	
生産量	（6）	（11）
価格	（7）	（12）
総収入	（8）	（13）
総費用	（9）	（14）
利潤	（10）	（15）

P	：価格
X	：X財の取引量
TR	：総収入
MR	：限界収入
AR	：平均収入
TC	：総費用
VC	：変動費用
FC	：固定費用
MC	：限界費用
AC	：平均費用
AVC	：平均費用
π	：利潤

（注）（5）はPとXを用いて表現すること。

損益分岐点

（1）総費用関数

$$\begin{cases} VC = X^2 + 10X \\ FC = 144 \end{cases}$$

↓ あてはめ

$\boxed{TC = VC + FC}$ …総費用

$TC = X^2 + 10X + 144$

（2）限界費用関数

$TC = X^2 + 10X + 144$

↓ 微分する場合は指数を明示する

$TC = X^2 + 10X^1 + 144$

↓ Xで微分

$MC = 2X^{2-1} + 1 \times 10X^{1-1}$

$MC = 2X^1 + 10X^0$

$MC = 2X + 10 \times 1$

$MC = 2X + 10$

→ 傾き → 切片

（3）平均費用関数

$TC = X^2 + 10X^1 + 144$

↓ あてはめ

$\boxed{AC = \dfrac{TC}{X}}$ …平均費用

$AC = \dfrac{X^2 + 10X^1 + 144}{X}$

$AC = X^1 + 10 + \dfrac{144}{X}$

$AC = X + 10 + \dfrac{144}{X}$

> グラフでは下に凸の放物線となる。ただ，このような分数関数が，放物線となることについての理解を深めなくても試験上は問題ない。なお，多くの場合，平均費用関数は，今回のような下に凸の放物線で示される。

2−4

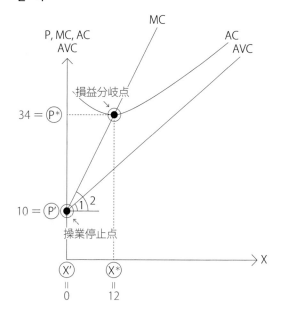

（4）平均変動費用関数

◎平均変動費用

定義

平均変動費用：1個当たりの変動費用
を表す概念

数式

$$AVC = \frac{VC}{X}$$

$VC = X^2 + 10X$

↓　あてはめ

$AVC = \dfrac{VC}{X}$ …平均変動費

$AVC = \dfrac{X^2 + 10X}{X}$

$AVC = X + 10$

$AVC = \underset{\text{傾き}}{①} \times X + \underset{\text{切片}}{⑩}$

今回の関数を元にすると，グラフでは右上がりの直線となる。なお，多くの場合，平均変動費用関数は，下に凸の放物線で示される。

（5）利潤最大化条件

$MC = 2X + 10$

↓　あてはめ

$P = MC$ …利潤最大化条件

$P = 2X + 10$

この式は，供給と価格の関係を表しており，（個人の）逆供給関係である。ただし，損益分岐価格以上の価格帯に対応している。

（6）生産量

◎損益分岐点

数式　$P = MC = AC$

$$\begin{cases} MC = 2X + 10 \\ AC = X + 10 + \dfrac{144}{X} \end{cases}$$

グラフでは，MCはACの最低点を通過する。

↓　あてはめ

$(P =)\ MC = AC$ …損益分岐点

$2X + 10 = X + 10 + \dfrac{144}{X}$

$2X - X - \dfrac{144}{X} = 10 - 10$

$X - \dfrac{144}{X} = 0$

$X^2 - 144 = 0$

$(X+12)(X-12)=0$

$X=\pm 12$

$\downarrow$ 「X≧0」となる

$X=12$

$\downarrow$ 変形 ── 損益分岐取引量をX*とする。

$X^*=12$

（7）価格

$X=12$

$\downarrow$ あてはめ ── （5）で解いた利潤最大化条件を用いる。

$\boxed{P=2X+10}$ …利潤最大化条件

$P=2\times 12+10$

$P=34$

$\downarrow$ 変形 ── 損益分岐価格をP*とする。

$P^*=34$

（8）総収入

$\begin{cases} P=34 \\ X=12 \end{cases}$

$\downarrow$ 代入

$\underline{TR=PX}$ …総収入

$TR=34\times 12$

$TR=408$

（9）総費用

$X=12$

$\downarrow$ 代入

$\underline{TC=X^2+10X+144}$ …総費用関数

$TC=12^2+10\times 12+144$

$TC=144+120+144$

$TC=408$

（10）利潤

$\begin{cases} TR=408 \\ TC=408 \end{cases}$

$\downarrow$ 代入

$\underline{\pi=TR-TC}$ …利潤

$\pi=408-408$

$\pi=0$ ── 損益分岐点は，損失と利潤の境目となる点である。そのため,その点では，利潤がゼロとなる。

操業停止点

（11）生産量

◎操業停止点

数式 $P=MC=AVC$ ── グラフでは，MCはAVCの最低点を通過する。

$\begin{cases} MC=2X+10 \\ AVC=X+10 \end{cases}$

$\downarrow$ あてはめ

$\underline{(P=)\ MC=AVC}$ …操業停止点

$2X+10=X+10$

$2X-X=10-10$

$X=0$

$\downarrow$ 変形 ── 操業停止取引量をX'とする。

$X'=0$

（12）価格

$X=0$

$\downarrow$ あてはめ ── （5）で解いた利潤最大化条件を用いる。

$\boxed{P=2X+10}$ …利潤最大化条件

$P=2\times 0+10$

$P=0+10$

$P=10$

$\downarrow$ 変形 ── 操業停止価格をP'とする。

$P'=10$

（13）総収入

$\begin{cases} P=10 \\ X=0 \end{cases}$

$\downarrow$ 代入

$\underline{TR=PX}$ …総収入

$TR=10\times 0$

$TR=0$

（14）総費用

$X=0$

$\downarrow$ 代入

$\boxed{TC=X^2+10X+144}$ …総費用関数

$TC=0^2+10\times0+144$

$TC=0+0+144$

$TC=144$

（15）利潤

$\begin{cases} TR=0 \\ TC=144 \end{cases}$

$\downarrow$ 代入

$\boxed{\pi=TR-TC}$ …利潤

$\pi=0-144$

$\pi=-144$

(cf) 操業停止点では，損失（144）が発生するが，固定費用（144）と一致する。

X財の企業Aの長期総費用関数，市場需要関数が以下のように与えられている。なお，このX財市場では完全競争市場が成立しており，全ての企業の費用構造は同一である場合を想定する。そこで，以下の表を完成させなさい。

企業Aの長期総費用関数：$TC = X^3 - 18X^2 + 121X$

市場需要関数：$X = 220 - P$

限界費用関数	（1）
平均費用関数	（2）
市場逆需要関数	（3）
利潤最大化条件	（4）
企業Aの最適生産量	（5）
均衡価格	（6）
利潤最大化時の総収入	（7）
利潤最大化時の総費用	（8）
利潤最大化時の利潤	（9）
市場需要量	（10）
企業数	（11）

P：価格
X：X財の取引量
TR：長期総収入
MR：限界収入
TC：長期総費用
MC：長期限界費用
AC：長期平均費用
π：利潤

（注）（4）は P と X を用いて表現すること。

（1）限界費用関数

$TC = X^3 - 18X^2 + 121X$ …長期総費用関数

↓　微分する場合は指数を明示する

$TC = X^3 - 18X^2 + 121X^1$

↓　X で微分

$MC = 3X^{3-1} - 2 \times 18X^{2-1} + 1 \times 121X^{1-1}$

$MC = 3X^2 - 36X^1 + 121X^0$

$MC = 3X^2 - 36X + 121 \times 1$

$MC = \boxed{3}X^2 - 36X + \boxed{121}$

→正の値　　　　→切片

→下に凸の放物線

（cf）頂点の導出

$MC = 3X^2 - 36X + 121$

↓　平方完成

$MC = 3(X^2 - 12X) + 121$

$MC = 3\left[(X - \dfrac{12}{2})^2 - (\dfrac{12}{2})^2 \right] + 121$

$MC = 3\left[(X - 6)^2 - 6^2 \right] + 121$

$MC = 3\left[(X - 6)^2 - 36 \right] + 121$

$MC = 3(X - 6)^2 - 108 + 121$

$MC = 3(X - \boxed{6})^2 + \boxed{13}$

頂点　$(\boxed{6}, \boxed{13})$

（2）平均収入関数

$TC = X^3 - 18X^2 + 121X$ …総費用関数

↓　あてはめ

$AC = \dfrac{TC}{X}$ …平均費用

長期では，固定費用は存在せず，全ての生産要素が可変的となる。したがって，ACとAVCの区別がなくなる。

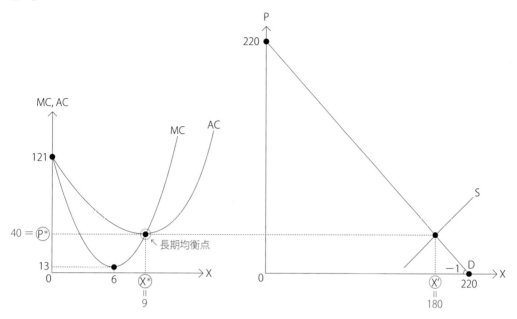

$$AC = \frac{X^3 - 18X^2 + 121X}{X}$$

$$AC = X^2 - 18X^1 + 121$$

$$AC = X^2 - 18X + 121$$

$$AC = \textcircled{1} \times X^2 - 18X + \textcircled{121}$$

↳ 正の値   ↳ 切片

→下に凸の放物線

(cf) 頂点の導出

$$AC = X^2 - 18X + 121$$

↓ 平方完成

$$AC = (X^2 - 18X) + 121$$

$$AC = \left[\left(X - \frac{18}{2} \right)^2 - \left(\frac{18}{2} \right)^2 \right] + 121$$

$$AC = \left[(X - 9)^2 - 9^2 \right] + 121$$

$$AC = \left[(X - 9)^2 - 81 \right] + 121$$

$$AC = (X - 9)^2 - 81 + 121$$

$$AC = (X - \textcircled{9})^2 + \textcircled{40}$$

頂点 $(\textcircled{9}, \textcircled{40})$

（3）市場逆需要関数

$X = 220 - P$ …市場需要関数

↓ 「P=～」へ変形

$P = -X + 220$ …市場逆需要関数

$$P = \textcircled{-1} \times X + \textcircled{220}$$

↳ 傾き   ↳ 切片

> 縦軸がPの場合、「P=～」の形にすることで、傾きと切片が明らかになる。

(cf) 横軸切片の導出

$P = 0$

↓ 代入

$X = 220 - P$ …市場需要関数

$X = 220 - 0$

$X = 220$

> 縦軸がP、横軸がXの場合、横軸切片はP=0の場合のXの値であるから、需要関数のPに0を代入し、Xについて解くことで、横軸切片が分かる。

（4）利潤最大化条件

$$MC = 3X^2 - 36X + 121$$

↓ あてはめ

$\boxed{P=MC}$…利潤最大化条件

$P=3X^2-36X+121$ ─┐

この式は，供給と価格の関係を表わしており，(個人の) 逆供給関数である。ただし，損益分岐価格（長期均衡価格）以上の価格帯に対応している。

（5）企業Aの生産量

長期均衡条件

$P=MC=AC$ ─┐

長期では，利潤がゼロとなる。そのため，損益分岐点を示すMC=ACが成り立つ。

$$\begin{cases} MC=3X^2-36X+121 \\ AC=X^2-18X+121 \end{cases}$$

↓　あてはめ

$(P=)\ MC=AC$…長期均衡条件

$3X^2-36X+121=X^2-18X+121$

$3X^2-X^2-36X+18X+121-121=0$

$2X^2-18X=0$

$X^2-9X=0$

$X\ (X-9)\ =0$

$X=0,9$

損益分岐点は，ACの最低点である。その点に対応した点で利潤が最大化するから，生産量が9となる。

↓

$X=9$

↓　変形 ─┐

均衡取引量をX*とする。

$X^*=9$

(cf)（2）で，平方完成によって，ACの最低点を明らかにしておけば，ここでの計算は不要である。

（6）均衡価格

$X=9$

↓　あてはめ

（4）で解いた利潤最大化条件を用いる。

$\boxed{P=3X^2-36X+121}$…利潤最大化条件

$P=3\times9^2-36\times9+121$

$P=3\times81-324+121$

$P=243-324+121$

$P=40$ ─┐

損益分岐点は，ACの最低点である。その点に対応した点で利潤が最大化するから，価格は40となる。

↓　変形 ─┐

$P^*=40$

均衡価格をP*とする。

(cf)（2）で平方完成によって，ACの最低点を明らかにしておけば，ここでの計算は不要である。

（7）利潤最大化時の総収入

$$\begin{cases} P=40 \\ X=9 \end{cases}$$

↓　代入

$\boxed{TR=PX}$…総収入

$TR=40\times9$

$TR=360$

（8）利潤最大化時の総費用

$X=9$

↓　代入

$\boxed{TC=X^3-18X^2+121X}$

$TC=9^3-18\times9^2+121\times9$

$TC=729-1,458+1,089$

$TC=360$

（9）利潤最大化時の利潤

$$\begin{cases} TR=360 \\ TC=360 \end{cases}$$

↓　代入

$\boxed{\pi=TR-TC}$…利潤

$\pi=360-360$

$\pi=0$ ─┐

長期では，損益分岐点で生産がなされる。そのため，利潤がゼロとなる。

（10）市場需要量

$P = 40$

↓　代入

$\boxed{X = 220 - P}$ …需要関数

$X = 220 - 40$

$X = 180$

↓　変形 ——— 市場均衡取引量を X` とする。

$X` = 180$

（11）企業数

$\begin{cases} X`（市場の需要量）= 180 \\ X^*（1社当たり生産量）= 9 \end{cases}$

↓　計算 ———

$180 \div 9 = 20$

市場需要量を1社当たり生産量で割れば，企業数が明らかになる。

第 3 章

完全競争

問題3-1 部分均衡① ★

　X財の需要関数と供給関数が以下のように与えられている。なお，このX財市場では完全競争市場が成立しているとする。そこで，以下の表を完成させなさい。

・需要関数：$X=-6P+234$

・供給関数：$X=0.5P$

逆需要関数	（1）
逆供給関数	（2）
均衡取引量	（3）
均衡価格	（4）
消費者余剰	（5）
生産者余剰	（6）
社会的総余剰	（7）
需要関数を価格で微分した値	（8）
均衡時の需要の価格弾力性	（9）
供給関数を価格で微分した値	（10）
均衡時の供給の価格弾力性	（11）

P：価格

X：X財の取引量

CS：消費者余剰

PS：生産者余剰

SS：総余剰

E_D：需要の
　　価格弾力性

E_S：供給の
　　価格弾力性

（1）逆需要関数

　$X=-6P+234$ …需要関数

　　↓ 「P＝～」へ変形

　$6P=-X+234$ …逆需要関数

　$P=\left(-\dfrac{1}{6}\right)X+\textcircled{39}$

　　　↳傾き　↳切片

> 需要関数を「P＝～」の形に変形することで逆需要関数が求まる。

（cf）横軸切片の導出

　$P=0$

　　↓　代入

> 縦軸がP，横軸がXの場合，横軸切片はP=0の場合のXの値であるから，需要関数のPに0を代入し，Xについて解くことで，横軸切片が明らかになる。

$X=-6P+234$ …需要関数

$X=-6\times0+234$

$X=0+234$

$X=234$

（2）逆供給関数

　$X=0.5P$ …供給関数

　　↓ 「P＝～」へ変形

　$-0.5P=-X$

　$0.5P=X$

　$P=\textcircled{2}X$ …逆供給関数

　　　↳傾き

> 供給関数を「P＝～」の形に変形することで逆供給関数が求まる。

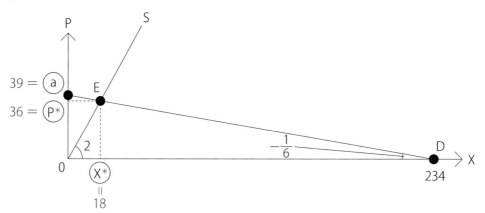

（3）均衡取引量

$$\begin{cases} P = -\dfrac{1}{6}X + 39 \text{ …逆需要関数} \\ P = 2X \text{ …逆供給関数} \end{cases}$$

↓ 連立方程式を解く

$$-\frac{1}{6}X + 39 = 2X$$

$$-\frac{1}{6}X - 2X = -39$$

$$-X - 12X = -234$$

$$-13X = -234$$

$$13X = 234$$

$$X = 18$$

↓ 変形

$$X^* = 18$$

> 均衡価格と均衡取引量は，需要関数（or 逆需要関数）と供給関数（or 逆供給関数）の双方を満たす必要がある。したがって，需要関数（or 逆需要関数）と供給関数（or 逆供給関数）からなる連立方程式を解けば均衡価格と均衡取引量が明らかになる。

> 均衡取引量をX*とする。

（4）均衡価格

$$X = 18$$

↓ 代入

$$\boxed{P = 2X} \text{ …逆供給関数}$$

$$P = 2 \times 18$$

$$P = 36$$

↓ 変形

$$P^* = 36$$

> 均衡価格をP*とする。

（5）消費者余剰

$$CS = \triangle aEP^*$$

↓ 三角形の面積の計算

$$CS = 18 \times (39 - 36) \div 2$$

$$CS = 18 \times 3 \div 2$$

$$CS = 27$$

> 三角形の面積
> ＝底辺×高さ÷2

（6）生産者余剰

$$PS = \triangle P^*E0 \text{ となる。}$$

↓ 三角形の面積の計算

$$PS = 18 \times 36 \div 2$$

$$PS = 324$$

（7）社会的総余剰

$$SS = CS + PS$$

$$SS = 27 + 324$$

$$SS = 351$$

（8）需要関数を価格で微分した値

$$X = -6P + 234 \text{ …需要関数}$$

↓ 微分する場合は指数を明示する

$$X = -6P^1 + 234$$

↓ Pで微分

$$\frac{\Delta X}{\Delta P} = -6P^{1-1}$$

$$\frac{\Delta X}{\Delta P} = -6P^{0}$$

$$\frac{\Delta X}{\Delta P} = -6 \times 1$$

$$\frac{\Delta X}{\Delta P} = -6$$

（9）均衡時の需要の価格弾力性

◎需要の価格弾力性

定義

価格が 1％ 変化した場合，需要量が何％ 変化するかを表す概念

数式

$$E_D = -\frac{\dfrac{\Delta X}{X}}{\dfrac{\Delta P}{P}}$$

x の変化率：$\dfrac{\Delta X}{X}$
→右段の＊参照

↓ 変形

$$E_D = -\frac{\Delta X}{\Delta P} \times \frac{P}{X}$$

E_D：需要の価格弾力性

X：需要量（取引量）

P：価格

導出

$$E_D = -\frac{\dfrac{\Delta X}{X}}{\dfrac{\Delta P}{P}}$$

↓ 変形 —— (cf) $\dfrac{A}{B} = A \div B$

$$E_D = -\frac{\Delta X}{X} \div \frac{\Delta P}{P}$$

$$E_D = -\frac{\Delta X}{X} \times \frac{P}{\Delta P}$$

$$E_D = -\frac{\Delta X}{\Delta P} \times \frac{P}{X}$$

$$\begin{cases} \dfrac{\Delta X}{\Delta P} = -6 \cdots 需要関数の微分 \\[2mm] P = 36 \cdots 均衡価格 \\[2mm] X = 18 \cdots 均衡取引量 \end{cases}$$

↓ あてはめ

$$E_D = -\frac{\Delta X}{\Delta P} \times \frac{P}{X} \cdots 需要の価格弾力性$$

$$E_D = -(-6) \times \frac{36}{18}$$

$$E_D = 6 \times 2$$

$$E_D = 12$$

＊ X の変化率：$\dfrac{\Delta X}{X}$

(ex)

$$\begin{cases} 前期：X = 100 \\ 当期：X' = 120 \\ 変化分：\triangle X = 20 \end{cases}$$

↓ あてはめ

$$X の変化率 = \frac{\Delta X}{X}$$

$$変化率 = \frac{20}{100}$$

$$変化率 = 0.2$$

↓ 100 倍

$$20\%$$

（10）供給関数を価格で微分した値

$$X = \frac{1}{2}P \cdots 供給関数$$

↓ 微分する場合は指数を明示する

$$X = \frac{1}{2}P^{1}$$

↓ P で微分

$$\frac{\Delta X}{\Delta P} = 1 \times \frac{1}{2}P^{1-1}$$

$$\frac{\Delta X}{\Delta P} = \frac{1}{2} P^0$$

$$\frac{\Delta X}{\Delta P} = \frac{1}{2} \times 1$$

$$\frac{\Delta X}{\Delta P} = \frac{1}{2}$$

(11) 均衡時の供給の価格弾力性

◎供給の価格弾力性

定義

価格が 1% 変化した場合，供給量が何 % 変化するかを表す概念

数式

$$E_S = \frac{\dfrac{\Delta X}{X}}{\dfrac{\Delta P}{P}}$$

↓ 変形

$$E_S = \frac{\Delta X}{\Delta P} \times \frac{P}{X}$$

E_S：供給の価格弾力性

X：供給量（取引量）

P：価格

導出

$$E_S = \frac{\dfrac{\Delta X}{X}}{\dfrac{\Delta P}{P}}$$

↓ 変形

$$E_S = \frac{\Delta X}{X} \div \frac{\Delta P}{P}$$

$$E_S = \frac{\Delta X}{X} \times \frac{P}{\Delta P}$$

$$E_S = \frac{\Delta X}{\Delta P} \times \frac{P}{X}$$

$$\begin{cases} \dfrac{\Delta X}{\Delta P} = \dfrac{1}{2} & \cdots 供給関数の微分 \\[2mm] P = 36 & \cdots 均衡価格 \\[2mm] X = 18 & \cdots 均衡取引量 \end{cases}$$

↓ あてはめ

$$E_S = \frac{\Delta X}{\Delta P} \times \frac{P}{X} \quad \cdots 供給の価格弾力性$$

$$E_S = \frac{1}{2} \times \frac{36}{18}$$

$$E_S = \frac{1}{2} \times 2$$

$$E_S = 1$$

部分均衡② ★

　X財の需要関数と供給関数が以下のように与えられている。この財に1単位当たり60の従量税が課されたとする。なお，このX財市場では完全競争市場が成立しているとする。そこで，以下の表を完成させなさい。

・需要関数：$X = -\dfrac{1}{3}P + 200$

・供給関数：$X = \dfrac{1}{3}P$

・従量税：$T = 60$

	課税前	課税後
逆需要関数	（1）	
逆供給関数	（2）	（8）
均衡取引量	（3）	（9）
均衡価格	（4）	（10）
消費者余剰	（5）	（11）
生産者余剰	（6）	（12）
政府余剰		（13）
社会的総余剰	（7）	（14）
厚生損失		（15）

P：価格

X：X財の取引量

T：従量税

CS：消費者余剰

PS：生産者余剰

GS：政府余剰

SS：総余剰

DWL：厚生損失
　　　　（死荷重）

課税前

（1）逆需要関数

$X = -\dfrac{1}{3}P + 200$ …需要関数

　↓　「P=～」へ変形

$3X = -P + 600$

$P = \underset{\text{傾き}}{\underbrace{-3}}X + \underset{\text{切片}}{\underbrace{600}}$ …逆需要関数

（cf）横軸切片の導出

$P = 0$

　↓　代入

$X = -\dfrac{1}{3}P + 200$ …需要関数

$X = -\dfrac{1}{3} \times 0 + 200$

$X = 0 + 200$

$X = 200$

（2）逆供給関数

$X = \dfrac{1}{3}P$ …供給関数

　↓　「P=～」へ変形

$3X = P$

$P = \underset{\text{傾き}}{\underbrace{3}}X$ …逆供給関数

3－2

（3）均衡取引量

$$\begin{cases} P = -3X + 600 \cdots 逆需要関数 \\ P = 3X \cdots 逆供給関数 \end{cases}$$

↓　連立方程式を解く

$-3X + 600 = 3X$

$-3X - 3X = -600$

$-6X = -600$

$6X = 600$

$X = 100$

↓　変形 ── 均衡取引量を X*とする。

$X^* = 100$

（4）均衡価格

$X = 100$

↓　逆供給関数に代入

$\boxed{P = 3X}$ …逆供給関数

$P = 3 \times 100$

$P = 300$

↓　変形 ── 均衡価格をP* とする。

$P^* = 300$

（5）消費者余剰

$CS = \triangle aEP^*$

↓　三角形の面積の計算

$CS = 100 \times (600 - 300) \div 2$

$CS = 100 \times 300 \div 2$

$CS = 15,000$

（6）生産者余剰

$PS - \triangle P^*E0$

↓　三角形の面積の計算

$PS = 100 \times 300 \div 2$

$PS = 15,000$

（7）社会的総余剰

$SS = CS + PS$

$SS = 15,000 + 15,000$

$SS = 30,000$

課税後

（8）逆供給関数

◎従量税後逆供給関数

数式

$P = 「変化前逆供給関数の右辺」 + t$

導出

$P = \boxed{変化前価格} + t$ …従量税後価格

↓　変形 ──

$P = \boxed{変化前逆供給関数の右辺} + t$

変化前の逆供給関数は，「P＝〜」であるから，その右辺は変化前の価格を意味している。

$$\begin{cases} P = 3X \cdots 変化前逆供給関数 \\ T = 60 \end{cases}$$

↓　あてはめ

$P = 「変化前逆供給関数の右辺」+T$

$P = 3X + 60 \cdots 課税後逆供給関数$

↳傾き↳切片

従量税60が課された場合，供給曲線が平行に60上方シフトする。したがって，切片が60増加する。

（9）均衡取引量

$$\begin{cases} P = -3X + 600 \cdots 逆需要関数 \\ P = 3X + 60 \cdots 課税後逆供給関数 \end{cases}$$

↓　連立方程式を解く

$-3X + 600 = 3X + 60$

$-3X - 3X = 60 - 600$

$-6X = -540$

$6X = 540$

$X = 90$

↓　変形　── 課税後均衡取引量をX'とする。

$X' = 90$

（10）均衡価格

$X = 90$

↓　代入

$P = 3X + 60 \cdots 課税後逆供給関数$

$P = 3 \times 90 + 60$

$P = 330$

↓　変形　── 課税後均衡価格をP'とする。

$P' = 330$

（11）消費者余剰

$CS = \triangle aE'P'$　となる。

↓　三角形の面積の計算

$CS = 90 \times (600 - 330) \div 2$

$CS = 90 \times 270 \div 2$

$CS = 12{,}150$

（12）生産者余剰

$PS = \triangle db0$

↓　三角形の面積の計算

$PS = 90 \times 270 \div 2$

$PS = 12{,}150$

（cf）点 d の導出

$X = 90$

↓　代入

$P = 3X \cdots 課税前逆供給関数$

$P = 3 \times 90$

$P = 270$

（13）政府余剰

$GS = \square P'E'bd$

↓　四角形の面積の計算

$GS = 90 \times (330 - 270)$

$GS = 90 \times 60$

$GS = 5{,}400$

（14）社会的総余剰

$SS = CS + GS + PS$

$SS = 12{,}150 + 5{,}400 + 12{,}150$

$SS = 29{,}700$

（15）厚生損失

$DWL = \triangle E'Eb$

↓　三角形の面積の計算

$DWL = (330 - 270)(100 - 90) \div 2$

$DWL = 60 \times 10 \div 2$

$DWL = 300$

　X財の需要関数と供給関数が以下のように与えられている。この財の価格に10%の従価税が課されたとする。なお，このX財市場では完全競争市場が成立しているとする。そこで，以下の表を完成させなさい。

- ・需要関数：$X = -2P + 1,900$
- ・供給関数：$X = 2P - 200$
- ・従価税：$t = 0.1$（10%）

	課税前	課税後	
逆需要関数	（1）		P：価格
逆供給関数	（2）	（8）	X：X財の取引量
均衡取引量	（3）	（9）	t：従価税率
均衡価格	（4）	（10）	CS：消費者余剰
消費者余剰	（5）	（11）	PS：生産者余剰
生産者余剰	（6）	（12）	GS：政府余剰
政府余剰		（13）	SS：総余剰
社会的総余剰	（7）	（14）	DWL：厚生損失
厚生損失		（15）	（死荷重）

課税前

（1）逆需要関数

　$X = -2P + 1,900$ …需要関数

　　↓　「P=〜」へ変形

　$2P = -X + 1,900$

　$P = -\dfrac{1}{2}X + \dfrac{1,900}{2}$

　$P = \underbrace{-\dfrac{1}{2}}_{傾き}X + \underbrace{950}_{切片}$ …逆需要関数

（cf）横軸切片の導出

　$P = 0$

　　↓　代入

　$\boxed{X = -2P + 1,900}$ …需要関数

　$X = -2 \times 0 + 1,900$

　$X = 0 + 1,900$

　$X = 1,900$

（2）逆供給関数

　$X = 2P - 200$ …供給関数

　　↓　「P=〜」へ変形

　$2P = X + 200$

　$P = \dfrac{1}{2}X + \dfrac{200}{2}$

　$P = \underbrace{\dfrac{1}{2}}_{傾き}X + \underbrace{100}_{切片}$ …逆供給関数

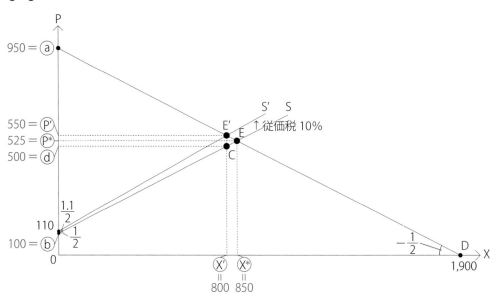

（3）均衡取引量

$$\begin{cases} P = -\dfrac{1}{2}X + 950 \ \cdots 逆需要関数 \\[2mm] P = \dfrac{1}{2}X + 100 \ \cdots 逆供給関数 \end{cases}$$

↓　連立方程式を解く

$$-\frac{1}{2}X + 950 = \frac{1}{2}X + 100$$

$$-\frac{1}{2}X - \frac{1}{2}X = 100 - 950$$

$$-\frac{2}{2}X = -850$$

$$\frac{2}{2}X = 850$$

$$X = 850$$

↓　変形 ── 均衡取引量を X*とする。

$$X^* = 850$$

（4）均衡価格

$$X = 850$$

↓　代入

$$\boxed{P = \frac{1}{2}X + 100}\ \cdots 逆供給関数$$

$$P = \frac{1}{2} \times 850 + 100$$

$$P = 425 + 100$$

$$P = 525$$

↓　変形 ── 均衡価格をP* とする。

$$P^* = 525$$

（5）消費者余剰

$$CS = \triangle aEP^*$$

↓　三角形の面積の計算

$$CS = 850 \times (950 - 525) \div 2$$

$$CS = 850 \times 425 \div 2$$

$$CS = 180{,}625$$

（6）生産者余剰

$$PS = \triangle P^*Eb$$

↓　三角形の面積の計算

$$PS = 850 \times (525 - 100) \div 2$$

$$PS = 850 \times 425 \div 2$$

$$PS = 180{,}625$$

（7）社会的総余剰

$SS = CS + PS$

$SS = 180,625 + 180,625$

$SS = 361,250$

課税後

（8）逆供給関数

◎従価税賦課後逆供給関数

数式

$P = (1+t) \times$ 「変化前逆供給関数の右辺」

導出

$P = (1+t) \times$ 変化前価格 …従価税後価格

↓　変形

$P = (1+t) \times$ 「変化前逆供給関数の右辺」

変化前の逆供給関数は，「P＝〜」であるから，その右辺は変化前の価格を意味している。

$$\begin{cases} P = \dfrac{1}{2}X + 100 \cdots \text{変化前逆供給関数} \\ t = 0.1 \end{cases}$$

↓　あてはめ

$P = (1+t) \times$ 「変化前逆供給関数の右辺」

…従価税後逆供給関数

$P = (1+0.1)\left(\dfrac{1}{2}X + 100\right)$

$P = 1.1\left(\dfrac{1}{2}X + 100\right)$

$P = 1.1 \times \dfrac{1}{2}X + 1.1 \times 100$

$P = \dfrac{1.1}{2}X + 110 \cdots$ 課税後逆供給関数

↓傾き　↓切片

（9）均衡取引量

$$\begin{cases} P = -\dfrac{1}{2}X + 950 \cdots \text{逆需要関数} \\ P = \dfrac{1.1}{2}X + 110 \cdots \text{課税後逆供給関数} \end{cases}$$

↓　連立方程式を解く

$-\dfrac{1}{2}X + 950 = \dfrac{1.1}{2}X + 110$

$-\dfrac{1}{2}X - \dfrac{1.1}{2}X = 110 - 950$

$\dfrac{2.1}{2}X = -840$

$\dfrac{2.1}{2}X = 840$

$X = 840 \times \dfrac{2}{2.1}$

$X = 800$

↓　変形　——— 課税後均衡取引量をX'とする。

$X' = 800$

（10）均衡価格

$X = 800$

↓　代入

$P = \dfrac{1.1}{2}X + 110 \cdots$ 課税後逆供給関数

$P = \dfrac{1.1}{2} \times 800 + 110$

$P = 440 + 110$

$P = 550$

↓　変形　——— 課税後均衡価格をP'とする。

$P' = 550$

（11）消費者余剰

$CS = \triangle aE'P'$

↓　三角形の面積の計算

$CS = 800 \times (950 - 550) \div 2$

$CS = 800 \times 400 \div 2$

$CS = 160,000$

（12）生産者余剰

$PS = \triangle dcb$

↓　三角形の面積の計算

$PS = 800 \times (500 - 100) \div 2$

$PS = 800 \times 400 \div 2$

$PS = 160,000$

（cf）点 d の導出

$X = 800$

↓　代入

$\boxed{P = \dfrac{1}{2}X + 100}$　…課税前逆供給関数

$P = \dfrac{1}{2} \times 800 + 100$

$P = 400 + 100$

$P = 500$

（13）政府余剰

$GS = \square\ \text{P'E'cd}$

↓　四角形の面積の計算

$GS = 800 \times (550 - 500)$

$GS = 800 \times 50$

$GS = 40,000$

（14）社会的総余剰

$SS = CS + GS + PS$

$SS = 160,000 + 40,000 + 160,000$

$SS = 360,000$

（15）厚生損失

$DWL = \triangle\ E'Ec$

↓　三角形の面積の計算

$DWL = (550 - 500)(850 - 800) \div 2$

$DWL = 50 \times 50 \div 2$

$DWL = 1,250$

問題3−4　部分均衡④　★★

　X財の需要関数と供給関数が以下のように与えられている。いま，財の売り手に対して，財1単位の生産当たり30の補助金が支給されたとする。なお，このX財市場では完全競争市場が成立しているとする。そこで，以下の問いに答えなさい。

・需要関数：$X = -P + 300$

・供給関数：$X = \dfrac{1}{2}P - 60$

・従量補助金：$S = 30$

	補助金支給前	補助金支給後	
逆需要関数	（1）		
逆供給関数	（2）	（8）	
均衡取引量	（3）	（9）	
均衡価格	（4）	（10）	
消費者余剰	（5）	（11）	
生産者余剰	（6）	（12）	
政府余剰		（13）	
社会的総余剰	（7）	（14）	
厚生損失		（15）	

P：価格
X：X財の取引量
S：従量補助金
CS：消費者余剰
PS：生産者余剰
GS：政府余剰
SS：総余剰
DWL：厚生損失（死荷重）

補助金支給前

（1）逆需要関数

$X = -P + 300$ …需要関数

　↓　「P=〜」へ変形

$P = -X + 300$ …逆需要関数

$P = \underset{\text{傾き}}{(-1)} \times X + \underset{\text{切片}}{300}$

（cf）横軸切片の導出

$P = 0$

　↓　代入

$X = -P + 300$ …需要関数

$X = -0 + 300$

$X = 300$

（2）逆供給関数

$X = \dfrac{1}{2}P - 60$ …供給関数

　↓　「P=〜」へ変形

$\dfrac{1}{2}P = X + 60$

$P = \underset{\text{傾き}}{2X} + \underset{\text{切片}}{120}$ …逆供給関数

（3）均衡取引量

$\begin{cases} P = -X + 300 & \cdots \text{逆需要関数} \\ P = 2X + 120 & \cdots \text{逆供給関数} \end{cases}$

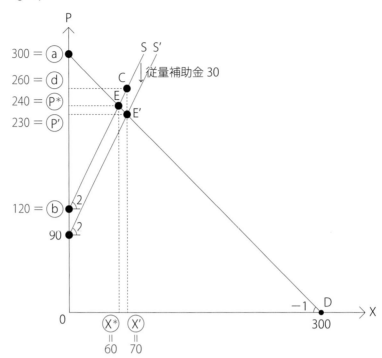

3−4

下段左カラム	下段右カラム

↓　連立方程式を解く

$-X + 300 = 2X + 120$

$-X - 2X = 120 - 300$

$-3X = -180$

$3X = 180$

$X = 60$

↓　変形 ── 均衡取引量を X*とする。

$X^* = 60$

（4）均衡価格

$X = 60$

↓　代入

$P = 2X + 120$…逆供給関数

$P = 2 \times 60 + 120$

$P = 120 + 120$

$P = 240$

↓　変形 ── 均衡取引量を P*とする。

$P^* = 240$

（5）消費者余剰

$CS = \triangle aEP^*$

↓　三角形の面積の計算

$CS = 60 \times (300 - 240) \div 2$

$CS = 60 \times 60 \div 2$

$CS = 1,800$

（6）生産者余剰

$PS = \triangle P^*Eb$

↓　三角形の面積の計算

$PS = 60 \times (240 - 120) \div 2$

$PS = 60 \times 120 \div 2$

$PS = 3,600$

（7）社会的総余剰

$SS = CS + PS$

$SS = 1,800 + 3,600$

$SS = 5,400$

補助金支給後

（8）逆供給関数（補助金支給後）

◎従量補助金支給後逆供給関数

数式

$P = 「変化前逆供給関数の右辺」 - S$

導出

$P = 変化前価格 - S$

　…従量補助金支給後価格

↓　変形

$P = 「変化前逆供給関数の右辺」 - S$

変化前の逆供給関数は，「P＝〜」であるから，その右辺は変化前の価格を意味している。

$$\begin{cases} P = 2X + 120 \cdots 変化前逆供給関数 \\ S = 30 \end{cases}$$

↓　あてはめ

$P = 「変化前逆供給関数の右辺」 - S$

$P = 2X + 120 - 30$

$P = 2X + 90$
　↳傾き　↳切片

（9）均衡取引量

$$\begin{cases} P = -X + 300 \cdots 逆需要関数 \\ P = 2X + 90 \cdots 補助金支給後逆供給関数 \end{cases}$$

↓　連立方程式を解く

$-X + 300 = 2X + 90$

$-X - 2X = 90 - 300$

$-X - 2X = -210$

$-3X = -210$

$3X = 210$

$X = 70$

↓　変形

$X' = 70$

補助金支給後均衡取引量をX'とする。

（10）均衡価格

$X = 70$

↓　代入

$P = 2X + 90 \cdots 補助金支給後逆供給関数$

$P = 2 \times 70 + 90$

$P = 140 + 90$

$P = 230$

↓　変形

$P' = 230$

補助金支給後均衡価格をP'とする。

（11）消費者余剰

$CS = \triangle aE'P'$

↓　三角形の面積の計算

$CS = 70 \times (300 - 230) \div 2$

$CS = 70 \times 70 \div 2$

$CS = 2,450$

（12）生産者余剰

$PS = \triangle dcb$

↓　三角形の面積の計算

$PS = 70 \times (260 - 120) \div 2$

$PS = 70 \times 140 \div 2$

$PS = 4,900$

（cf）点 d の導出

$X = 70$

↓　代入

$P = 2X + 120 \cdots 補助金支給前逆供給関数$

$P = 2 \times 70 + 120$

$P = 140 + 120$

$P = 260$

補助金支給は，政府にとっては支出であるから，政府余剰のマイナスとなる。

（13）政府余剰

$GS = -\square dcE'P'$

↓　四角形の面積の計算

$GS = -[70 \times (260 - 230)]$

$GS = -(70 \times 30)$

$GS = -2,100$

（14）社会的総余剰

$SS = CS + GS + PS$

$SS = 2,450 + (-2,100) + 4,900$

$SS = 5,250$

（15）厚生損失

$DWL = \triangle EcE'$

↓　三角形の面積の計算

$DWL = (260 - 230)(70 - 60) \div 2$

$DWL = 30 \times 10 \div 2$

$DWL = 150$

労働市場における需要関数と供給関数が以下のように与えられている。いま、政府が最低賃金率を1,100に定めたとする。なお、この労働市場では完全競争市場が成立しているとする。そこで、以下の表を完成させなさい。

- 需要関数：$L = -2W + 2,400$
- 供給関数：$L = 0.5W - 100$
- 最低賃金率：$\overline{W} = 1,100$

	最低賃金規制前	最低賃金規制後	
逆需要関数	（1）		W：賃金率
逆供給関数	（2）		$\overline{W}$：最低賃金率
均衡取引量	（3）		X：労働量
均衡価格	（4）		CS：消費者余剰
供給量		（8）	PS：生産者余剰
需要量		（9）	GS：政府余剰
超過供給		（10）	SS：総余剰
消費者余剰	（5）	（11）	DWL：厚生損失
生産者余剰	（6）	（12）	（死荷重）
社会的総余剰	（7）	（13）	
厚生損失		（14）	

最低賃金規制前

（1）逆需要関数

$L = -2W + 2,400$ …需要関数

↓ 「W=〜」へ変形

$2W = -L + 2,400$

$W = -\dfrac{1}{2}L + 1,200$ …逆需要関数

　　↳傾き　↳切片

（cf）横軸切片の導出

$W = 0$

↓ 代入

$L = -2W + 2,400$ …需要関数

$L = -2 \times 0 + 2,400$

$L = 0 + 2,400$

$L = 2,400$

（2）逆供給関数

$L = 0.5W - 100$ …供給関数

↓ 「W=〜」へ変形

$-0.5W = -L - 100$

$0.5W = L + 100$

$W = 2L + 200$ …逆供給関数

　　↳傾き　↳切片

3−5

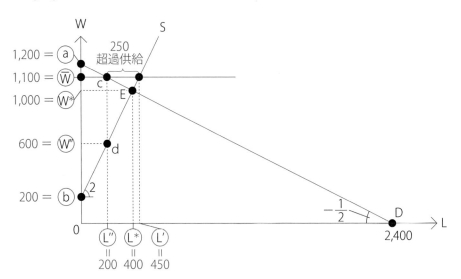

（3）均衡取引量

$$
\begin{cases}
W = -\dfrac{1}{2}L + 1{,}200 & \cdots 逆需要関数 \\[2mm]
W = 2L + 200 & \cdots 逆供給関数
\end{cases}
$$

↓　連立方程式を解く

$$-\dfrac{1}{2}L + 1{,}200 = 2L + 200$$

$$-\dfrac{1}{2}L - 2L = 200 - 1{,}200$$

$$-\dfrac{1}{2}L - 2L = -1{,}000$$

$$-L - 4L = -2{,}000$$

$$-5L = -2{,}000$$

$$5L = 2{,}000$$

$$L = 400$$

↓　変形 ── 均衡取引量を L*とする。

$$L^* = 400$$

（4）均衡価格

$$L = 400$$

↓　代入

$W = 2L + 200$ …逆供給関数

$$W = 2 \times 400 + 200$$

$$W = 800 + 200$$

$$W = 1{,}000$$

↓　変形 ── 均衡価格を W*とする。

$$W^* = 1{,}000$$

（5）消費者余剰

$$CS = \triangle aEW^*$$

↓　三角形の面積の計算

$$CS = 400 \times (1{,}200 - 1{,}000) \div 2$$

$$CS = 400 \times 200 \div 2$$

$$CS = 40{,}000$$

（6）生産者余剰

$$PS = \triangle W^*Eb$$

↓　三角形の面積の計算

$$PS = 400 \times (1{,}000 - 200) \div 2$$

$$PS = 400 \times 800 \div 2$$

$$PS = 160{,}000$$

（7）社会的総余剰

$$SS = CS + PS$$

$$SS = 40{,}000 + 160{,}000$$

$$SS = 200{,}000$$

最低賃金規制後

（8）供給量

$\bar{W} = W = 1,100$

↓　代入

$L = 0.5W - 100$ …供給関数

$L = 0.5 \times 1,100 - 100$

$L = 550 - 100$

$L = 450$

↓　変形 ── 規制後の供給量をL'とする。

$L' = 450$

（9）需要量

$\bar{W} = W = 1,100$

↓　代入

$L = -2W + 2,400$ …需要関数

$L = -2 \times 1,100 + 2,400$

$L = -2,200 + 2,400$

$L = 200$

↓　変形 ── 規制後の需要量をL''とする。

$L'' = 200$

（10）超過供給

$\begin{cases} L' = 450 \cdots 規制後供給量 \\ L'' = 200 \cdots 規制後需要量 \end{cases}$

↓

超過供給 $= L' - L''$

$= 450 - 200$

$= 250$

（11）消費者余剰

$CS = \triangle ac\bar{W}$

↓　三角形の面積の計算

$CS = 200 \times (1,200 - 1,100) \div 2$

$CS = 200 \times 100 \div 2$

$CS = 10,000$

（12）生産者余剰

$PS = \square \bar{W}cdb$

↓　台形の面積の計算 ──

$PS = [(1,100 - 600) + (1,100 - 200)] \times 200 \div 2$

$PS = (500 + 900) \times 200 \div 2$

$PS = 1,400 \times 200 \div 2$

$PS = 140,000$

台形の面積 ＝（上底＋下底）×高さ÷2

（cf）W'' の導出

$L = 200$

↓　代入

$W = 2L + 200$ …逆供給関数

$W = 2 \times 200 + 200$

$W = 400 + 200$

$W = 600$

↓　変形 ── L＝200の場合のWをW''とする。

$W'' = 600$

（13）社会的総余剰

$SS = CS + PS$

$SS = 10,000 + 140,000$

$SS = 150,000$

（14）厚生損失

$DWL = \triangle cEd$

↓　三角形の面積の計算

$DWL = (1,100 - 600)(400 - 200) \div 2$

$DWL = 500 \times 200 \div 2$

$DWL = 50,000$

部分均衡⑥ ★★★

X財の需要関数と供給関数が以下のように与えられている。いま，政府は補助金政策として，企業から3,600でX財を購入し，家計に2,000で販売しているとする。そこで，以下の表を完成させなさい。

- 需要関数：$X = -\dfrac{1}{4}P + 1,000$

- 供給関数：$X = \dfrac{1}{4}P - 400$

	補助金支給前	補助金支給後	
逆需要関数	（1）		P：価格
逆供給関数	（2）		X：X財の取引量
均衡取引量	（3）		CS：消費者余剰
均衡価格	（4）		PS：生産者余剰
供給量		（8）	GS：政府余剰
需要量		（9）	SS：総余剰
消費者余剰	（5）	（10）	DWL：厚生損失
生産者余剰	（6）	（11）	（死荷重）
政府余剰		（12）	
社会的総余剰	（7）	（13）	
厚生損失		（14）	

補助金政策前

（1）逆需要関数

$X = -\dfrac{1}{4}P + 1,000$ …需要関数

↓ 「P=～」へ変形

$\dfrac{1}{4}P = -X + 1,000$

$P = \underset{\text{傾き}}{\underline{-4}}X + \underset{\text{切片}}{\underline{(4,000)}}$ …逆需要関数

（cf）横軸切片の導出

$P = 0$

↓ 代入

$\boxed{X = -\dfrac{1}{4}P + 1,000}$ …需要関数

$X = -\dfrac{1}{4} \times 0 + 1,000$

$X = 0 + 1,000$

$X = 1,000$

（2）逆供給関数

$X = \dfrac{1}{4}P - 400$ …供給関数

↓ 「P=～」へ変形

3−6

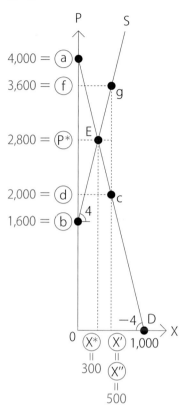

$$-\frac{1}{4}P = -X - 400$$

$$\frac{1}{4}P = X + 400$$

$P = 4X + 1,600$ …逆供給関数

↳傾き ↳切片

（3）均衡取引量

$$\begin{cases} P = -4X + 4,000 \cdots 逆需要関数 \\ P = 4X + 1,600 \cdots 逆供給関数 \end{cases}$$

↓　連立方程式を解く

$$-4X + 4,000 = 4X + 1,600$$

$$-4X - 4X = 1,600 - 4,000$$

$$-8X = -2,400$$

$$8X = 2,400$$

$$X = 300$$

↓　変形 ── 均衡取引量を
X*とする。

$X^* = 300$

（4）均衡価格

$$X = 300$$

↓　代入

$P = 4X + 1,600$ …逆供給関数

$$P = 4 \times 300 + 1,600$$

$$P = 1,200 + 1,600$$

$$P = 2,800$$

↓　変形 ── 均衡価格を
P*とする。

$$P^* = 2,800$$

（5）消費者余剰

$$CS = \triangle aEP^*$$

↓　三角形の面積の計算

$$CS = 300 \times (4,000 - 2,800) \div 2$$

$$CS = 300 \times 1,200 \div 2$$

$$CS = 180,000$$

（6）生産者余剰

$$PS = \triangle P^*Eb$$

↓　三角形の面積の計算

$$PS = 300 \times (2,800 - 1,600) \div 2$$

$$PS = 300 \times 1,200 \div 2$$

$$PS = 180,000$$

（7）社会的総余剰

$$SS = CS + PS$$

$$SS = 180,000 + 180,000$$

$$SS = 360,000$$

補助金政策後

（8）供給量

$P = 3,600$ …政府購入価格

↓　代入

$X = \dfrac{1}{4}P - 400$ …供給関数

$X = \dfrac{1}{4} \times 3,600 - 400$

$X = 900 - 400$

$X = 500$

↓ 変形 ── 補助金政策後供給量をX'とする。

$X' = 500$

（9）需要量

$P = 2,000$ …政府販売価格

↓ 代入

$X = -\dfrac{1}{4}P + 1,000$ …需要関数

$X = -\dfrac{1}{4} \times 2,000 + 1,000$

$X = -500 + 1,000$

$X = 500$

↓ 変形 ── 補助金政策後供給量をX''とする。

$X'' = 500$

（10）消費者余剰

$CS = \triangle acd$

↓ 三角形の面積の計算

$CS = 500 \times (4,000 - 2,000) \div 2$

$CS = 500 \times 2,000 \div 2$

$CS = 500,000$

（11）生産者余剰

$PS = \triangle fgb$

↓ 三角形の面積の計算

$PS = 500 \times (3,600 - 1,600) \div 2$

$PS = 500 \times 2,000 \div 2$

$PS = 500,000$

（12）政府余剰

$GS = - fgcd$

↓ 四角形の面積の計算

$GS = - [500 \times (3,600 - 2,000)]$

$GS = - (500 \times 1,600)$

$GS = - 800,000$

補助金政策は，政府にとっては支出であるから，政府余剰のマイナスとなる。

（13）社会的総余剰

$SS = CS + PS + GS$

$SS = 500,000 + 500,000 + (-800,000)$

$SS = 200,000$

（14）厚生損失

$DWL = \triangle Egc$

↓ 三角形の面積の計算

$DWL = (3,600 - 2,000)(500 - 300) \div 2$

$DWL = 1,600 \times 200 \div 2$

$DWL = 160,000$

家計Aと家計Bからなる純粋交換経済を考える。彼らの効用関数，初期保有量が以下のように与えられている。そこで，以下の表を完成させなさい。

- 家計Aの効用関数：$U_A = X_A Y_A$
- 家計Bの効用関数：$U_B = X_B Y_B$
- 家計Aの初期保有量：$(W_{A,x}, W_{A,y}) = (12, 4)$
- 家計Bの初期保有量：$(W_{B,x}, W_{B,y}) = (8, 16)$

	家計A	家計B
初期保有時の効用	（1）	（9）
予算制約式	（2）	（10）
X財の限界効用	（3）	（11）
Y財の限界効用	（4）	（12）
限界代替率	（5）	（13）
効用最大化条件	（6）	（14）
X財の最適消費量（需要関数）	（7）	（15）
Y財の最適消費量（需要関数）	（8）	（16）
競争均衡時の相対価格	（17）	
競争均衡時のX財の需要量	（18）	（21）
競争均衡時のY財の需要量	（19）	（22）
競争均衡時の効用	（20）	（23）

P_X：X財の価格

P_Y：Y財の価格

U_i：家計 i の効用関数

X_i：家計 i の X財の消費量

Y_i：家計 i の Y財の消費量

$W_{i,j}$：家計 i の j財の初期保有量

$MU_{i,j}$：家計 i の j財の限界効用

MRS_i：家計 i の限界代替率

（注）（6），（7），（8），（14），（15），（16）は，$\dfrac{P_X}{P_Y}$ を含む式にすること。

（1）初期保有時の効用（家計A）

$(X_A, Y_A) = (W_{A,x}, W_{A,y}) = (12, 4)$

　　…初期保有量

　↓　代入

$\boxed{U_A = X_A Y_A}$…効用関数

$U_A = 12 \times 4$

$U_A = 48$

　↓　変形 ── 初期保有時の効用水準をU_A^Wとする。

$U_A^W = 48$

（2）予算制約式（家計A）

◎予算制約式

数式

$P_X W_{A,x} + P_Y W_{A,y} = P_X X_A + P_Y Y_A$

左辺は，初期保有量を金銭化した初期保有額を表している。一方，右辺は支出額を表している。その初期保有額をX財とY財に使い切ると考えれば，この式の両辺は等しくなる。なお，家計Bの予算制約式は添え字をBに変えれば良い。

3-7

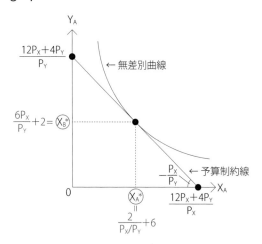

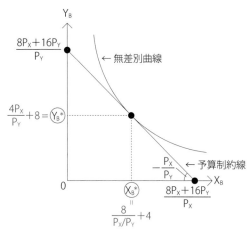

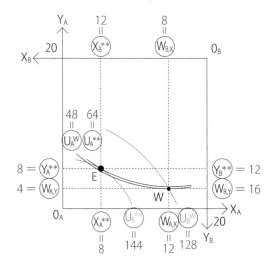

導出

$M = P_X W_{A,X} + P_Y W_{A,Y}$

↓　代入

$M = P_X X_A + P_Y Y_A$

$P_X W_{A,X} + P_Y W_{A,Y} = P_X X_A + P_Y Y_A$

所得を初期保有額と考えれば，$M = P_X W_{A,X} + P_Y W_{A,Y}$の式を使って，問題で与えられた初期保有量を用いて，予算制約式を表現できる。

$\begin{cases} W_{A,X} = 12 \\ W_{A,Y} = 4 \end{cases}$

↓　あてはめ

$P_X W_{A,X} + P_Y W_{A,Y} = P_X X_A + P_Y Y_A$

…予算制約式

$12P_X + 4P_Y = P_X X_A + P_Y Y_A$

↓　「$Y_A = \sim$」へ変形

$-P_Y Y_A = P_X X_A - 12P_X - 4P_Y$

$P_Y Y_A = -P_X X_A + 12P_X + 4P_Y$

$Y_A = \left(-\dfrac{P_X}{P_Y}\right)X_A + \left(\dfrac{12P_X + 4P_Y}{P_Y}\right)$…予算制約式

↳傾き　　　↳切片

(cf) 横軸切片の導出

$Y_A = 0$

↓　代入

$$Y_A = -\frac{P_X}{P_Y}X_A + \frac{12P_X + 4P_Y}{P_Y} \quad \cdots 予算制約式$$

$$0 = -\frac{P_X}{P_Y}X_A + \frac{12P_X + 4P_Y}{P_Y}$$

↓ 「$X_A = \sim$」へ変形

$$\frac{P_X}{P_Y}X_A = \frac{12P_X + 4P_Y}{P_Y}$$

$$P_X X_A = 12P_X + 4P_Y$$

$$X_A = \frac{12P_X + 4P_Y}{P_X}$$

（3）X財の限界効用（家計A）

$$U_A = X_A Y_A$$

↓ 微分する場合は指数を明示する

$$U_A = X_A^1 Y_A^1$$

↓ X_A で微分

$$MU_{A,X} = 1 \times X_A^{1-1} Y_A^1$$

$$MU_{A,X} = X_A^0 Y_A^1$$

$$MU_{A,X} = 1 \times Y_A$$

$$MU_{A,X} = Y_A$$

（4）Y財の限界効用（家計A）

$$U_A = X_A Y_A$$

↓ 微分する場合は指数を明示する

$$U_A = X_A^1 Y_A^1$$

↓ Y_A で微分

$$MU_{A,Y} = 1 \times X_A^1 Y_A^{1-1}$$

$$MU_{A,Y} = X_A^1 Y_A^0$$

$$MU_{A,Y} = X_A \times 1$$

$$MU_{A,Y} = X_A$$

（5）限界代替率（家計A）

$$\begin{cases} MU_{A,X} = Y_A \\ MU_{A,Y} = X_A \end{cases}$$

↓ あてはめ

$$\boxed{MRS = \frac{MU_X}{MU_Y}} \cdots 限界代替率$$

$$MRS = \frac{Y_A}{X_A}$$

（6）効用最大化条件（家計A）

$$\begin{cases} MRS = \dfrac{Y_A}{X_A} \\[2mm] 相対価格 = \dfrac{P_X}{P_Y} \end{cases}$$

↓ あてはめ

$$\boxed{MRS = 相対価格} \cdots 効用最大化条件$$

$$\frac{Y_A}{X_A} = \frac{P_X}{P_Y}$$

$$Y_A = \frac{P_X}{P_Y}X_A \quad \cdots 効用最大化条件$$

（7）X財の最適消費量（家計A）

$$\begin{cases} Y_A = -\dfrac{P_X}{P_Y}X_A + \dfrac{12P_X + 4P_Y}{P_Y} \\[2mm] \qquad \cdots 予算制約式 \\[2mm] Y_A = \dfrac{P_X}{P_Y}X_A \quad \cdots 効用最大化条件 \end{cases}$$

↓ 連立方程式を解く

$$-\frac{P_X}{P_Y}X_A + \frac{12P_X + 4P_Y}{P_Y} = \frac{P_X}{P_Y}X_A$$

$$-P_X X_A + 12P_X + 4P_Y = P_X X_A$$

$$-P_X X_A - P_X X_A = -12P_X - 4P_Y$$

$$P_X X_A + P_X X_A = 12P_X + 4P_Y$$

$$2P_X X_A = 12P_X + 4P_Y$$

$$X_A = \frac{12P_X + 4P_Y}{2P_X}$$

$$X_A = \frac{6P_X + 2P_Y}{P_X}$$

$$X_A = \frac{6P_X}{P_X} + \frac{2P_Y}{P_X}$$

$$X_A = 6 + \frac{2P_Y}{P_X}$$

$$X_A = 6 + \dfrac{2P_Y \times \dfrac{1}{P_Y}}{P_X \times \dfrac{1}{P_Y}}$$

$$X_A = 6 + \dfrac{2}{\dfrac{P_X}{P_Y}}$$

$$X_A = \dfrac{2}{\dfrac{P_X}{P_Y}} + 6$$

> この式は，X財の消費量（需要量）とX財の価格の関係を表している式であるため，X財の需要関数と呼ばれる。

↓ 変形 —— 均衡取引量をX_A^*とする。

$$X_A^* = \dfrac{2}{\dfrac{P_X}{P_Y}} + 6$$

（8）Y財の最適消費量（家計A）

$$X_A = \dfrac{2}{\dfrac{P_X}{P_Y}} + 6$$

↓ 代入

$$Y_A = \dfrac{P_X}{P_Y} X_A \quad \cdots 効用最大化条件$$

$$Y_A = \dfrac{P_X}{P_Y} \times \left(\dfrac{2}{\dfrac{P_X}{P_Y}} + 6\right)$$

$$Y_A = \dfrac{P_X}{P_Y} \times \dfrac{2}{\dfrac{P_X}{P_Y}} + \dfrac{P_X}{P_Y} \times 6$$

$$Y_A = 2 + \dfrac{6P_X}{P_Y}$$

$$Y_A = \dfrac{6P_X}{P_Y} + 2$$

> この式は，Y財の消費量（需要量）とY財の価格の関係を表している式であるため，Y財の需要関数と呼ばれる。

↓ 変形 —— 均衡取引量をY_A^*とする。

$$Y_A^* = \dfrac{6P_X}{P_Y} + 2$$

（9）初期保有時の効用（家計B）

$$(X_B, Y_B) = (W_{B,X}, W_{B,Y}) = (8, 16)$$

…初期保有量

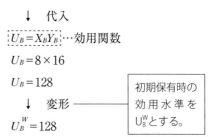

↓ 代入

$$U_B = X_B Y_B \quad \cdots 効用関数$$

$$U_B = 8 \times 16$$

$$U_B = 128$$

↓ 変形 —— 初期保有時の効用水準をU_B^Wとする。

$$U_B^W = 128$$

（10）予算制約式（家計B）

$$\begin{cases} W_{B,X} = 8 \\ W_{B,Y} = 16 \end{cases}$$

↓ あてはめ

$$P_X W_{B,X} + P_Y W_{B,Y} = P_X X_B + P_Y Y_B$$

…予算制約式

$$8P_X + 16P_Y = P_X X_B + P_Y Y_B$$

↓ 「$Y_B =\ \sim$」へ変形

$$-P_Y Y_B = P_X X_B - 8P_X - 16P_Y$$

$$P_Y Y_B = -P_X X_B + 8P_X + 16P_Y$$

$$Y_B = \left(-\dfrac{P_X}{P_Y}\right) X_B + \left(\dfrac{8P_X + 16P_Y}{P_Y}\right) \quad \cdots 予算制約式$$

傾き　　　切片

（cf）横軸切片の導出

$$Y_B = 0$$

↓ 代入

$$Y_B = -\dfrac{P_X}{P_Y} X_B + \dfrac{8P_X + 16P_Y}{P_Y} \quad \cdots 予算制約式$$

$$0 = -\dfrac{P_X}{P_Y} X_B + \dfrac{8P_X + 16P_Y}{P_Y}$$

↓ 「$X_B =\ \sim$」へ変形

$$\dfrac{P_X}{P_Y} X_B = \dfrac{8P_X + 16P_Y}{P_Y}$$

$$P_X X_B = 8P_X + 16P_Y$$

$$X_B = \dfrac{8P_X + 16P_Y}{P_X}$$

（11）X財の限界効用（家計B）

$$U_B = X_B Y_B \quad \cdots 効用関数$$

$$\downarrow \quad \text{微分する場合は指数を明示する}$$

$$U_B = X_B^1 Y_B^1$$

$$\downarrow \quad X_B \text{ で微分}$$

$$MU_{B,X} = 1 \times X_B^{1-1} Y_B^1$$

$$MU_{B,X} = X_B^0 Y_B^1$$

$$MU_{B,X} = 1 \times Y_B$$

$$MU_{B,X} = Y_B \cdots \text{X 財の限界効用}$$

（12）Y 財の限界効用（家計 B）

$$U_B = X_B Y_B \cdots \text{効用関数}$$

$$\downarrow \quad \text{微分する場合は指数を明示する}$$

$$U_B = X_B^1 Y_B^1$$

$$\downarrow \quad Y_B \text{ で微分}$$

$$MU_{B,Y} = 1 \times X_B^1 Y_B^{1-1}$$

$$MU_{B,Y} = X_B^1 Y_B^0$$

$$MU_{B,Y} = X_B \times 1$$

$$MU_{B,Y} = X_B \cdots \text{Y 財の限界効用}$$

（13）限界代替率（家計 B）

$$\begin{cases} MU_{B,X} = Y_B \\ MU_{B,Y} = X_B \end{cases}$$

$$\downarrow \quad \text{あてはめ}$$

$$\boxed{MRS = \dfrac{MU_X}{MU_Y}} \cdots \text{限界代替率}$$

$$MRS = \dfrac{Y_B}{X_B}$$

（14）効用最大化条件（家計 B）

$$\begin{cases} MRS = \dfrac{Y_B}{X_B} \\ \text{相対価格} = \dfrac{P_X}{P_Y} \end{cases}$$

$$\downarrow \quad \text{あてはめ}$$

$$\boxed{MRS = \text{相対価格}} \cdots \text{効用最大化条件}$$

$$\dfrac{Y_B}{X_B} = \dfrac{P_X}{P_Y}$$

$$Y_B = \dfrac{P_X}{P_Y} X_B \cdots \text{効用最大化条件}$$

（15）X 財の最適消費量（家計 B）

$$\begin{cases} Y_B = -\dfrac{P_X}{P_Y} X_B + \dfrac{8P_X + 16P_Y}{P_Y} \\ \quad \cdots \text{予算制約式} \\ Y_B = \dfrac{P_X}{P_Y} X_B \cdots \text{効用最大化条件} \end{cases}$$

$$\downarrow \quad \text{連立方程式を解く}$$

$$-\dfrac{P_X}{P_Y} X_B + \dfrac{8P_X + 16P_Y}{P_Y} = \dfrac{P_X}{P_Y} X_B$$

$$-P_X X_B + 8P_X + 16P_Y = P_X X_B$$

$$-P_X X_B - P_X X_B = -8P_X - 16P_Y$$

$$P_X X_B + P_X X_B = 8P_X + 16P_Y$$

$$2P_X X_B = 8P_X + 16P_Y$$

$$X_B = \dfrac{8P_X + 16P_Y}{2P_X}$$

$$X_B = \dfrac{4P_X + 8P_Y}{P_X}$$

$$X_B = \dfrac{4P_X}{P_X} + \dfrac{8P_Y}{P_X}$$

$$X_B = 4 + \dfrac{8P_Y \times \dfrac{1}{P_Y}}{P_X \times \dfrac{1}{P_Y}}$$

$$X_B = 4 + \dfrac{8}{\dfrac{P_X}{P_Y}}$$

$$X_B = \dfrac{8}{\dfrac{P_X}{P_Y}} + 4$$

> この式は，X財の消費量（需要量）とX財の価格の関係を表している式であるため，X財の需要関数と呼ばれる。

$$\downarrow \quad \text{変形}$$

> 均衡取引量を X_B^* とする。

$$X_B^* = \dfrac{8}{\dfrac{P_X}{P_Y}} + 4$$

(16) Y 財の最適消費量（家計 B）

$$X_B = \frac{8}{\frac{P_X}{P_Y}} + 4$$

↓　代入

$$\boxed{Y_B = \frac{P_X}{P_Y} X_B} \cdots 効用最大化条件$$

$$Y_B = \frac{P_X}{P_Y} \times \left(\frac{8}{\frac{P_X}{P_Y}} + 4 \right)$$

$$Y_B = \frac{P_X}{P_Y} \times \frac{8}{\frac{P_X}{P_Y}} + \frac{P_X}{P_Y} \times 4$$

$$Y_B = 8 + \frac{4P_X}{P_Y}$$

$$Y_B = \frac{4P_X}{P_Y} + 8$$

この式は，Y 財の消費量（需要量）とY財の価格の関係を表している式であるため，Y 財の需要関数と呼ばれる。

↓　変形

$$Y_B^* = \frac{4P_X}{P_Y} + 8$$

均衡取引量をY_B^*とする。

(17) 競争均衡時の相対価格

◎X 財市場の均衡条件

数式　$X_A + X_B = W_{A,X} + W_{B,X}$

価格調整によって，需要量は初期保有量（供給量）と一致する。この式に，家計Aと家計Bの需要関数を代入することで相対価格が明らかになる。

$$\begin{cases} X_A = \frac{2}{\frac{P_X}{P_Y}} + 6 \\[2mm] X_B = \frac{8}{\frac{P_X}{P_Y}} + 4 \\[2mm] W_{A,X} = 12 \\[1mm] W_{B,X} = 8 \end{cases}$$

↓　あてはめ

$$\boxed{X_A + X_B = W_{A,X} + W_{B,X}} \cdots X財市場の均衡条件$$

$$\left(\frac{2}{\frac{P_X}{P_Y}} + 6 \right) + \left(\frac{8}{\frac{P_X}{P_Y}} + 4 \right) = 12 + 8$$

$$\frac{2+8}{\frac{P_X}{P_Y}} + 10 = 20$$

$$\frac{10}{\frac{P_X}{P_Y}} = 10$$

$$10 = 10 \times \frac{P_X}{P_Y}$$

$$1 = \frac{P_X}{P_Y}$$

$$\frac{P_X}{P_Y} = 1 \cdots 相対価格$$

(18) 競争均衡時の X 財の需要量（家計 A）

$$\frac{P_X}{P_Y} = 1 \cdots 相対価格$$

↓　代入

$$\boxed{X_A = \frac{2}{\frac{P_X}{P_Y}} + 6} \cdots X 財の需要関数$$

$$X_A = \frac{2}{1} + 6$$

$$X_A = 2 + 6$$

$$X_A = 8$$

↓　変形

均衡取引量をX_A^{**}とする。

$$X_A^{**} = 8$$

(19) 競争均衡時の Y 財の需要量（家計 A）

$$\frac{P_X}{P_Y} = 1 \cdots 相対価格$$

↓　代入

$$\boxed{Y_A = \frac{6P_X}{P_Y} + 2} \cdots Y 財の需要関数$$

$$Y_A = 6 \times 1 + 2$$

$$Y_A = 6 + 2$$

$$Y_A = 8$$

↓　変形

均衡取引量をY_A^{**}とする。

$$Y_A^{**} = 8$$

（20）競争均衡時の効用（家計A）

$$\begin{cases} X_A = 8 \\ Y_A = 8 \end{cases}$$

↓ 代入

$\boxed{U_A = X_A Y_A}$ …家計Aの効用関数

$U_A = 8 \times 8$

$U_A = 64$

↓ 変形 ── 均衡時の効用水準をU_A^{**}とする。

$U_A^{**} = 64$

（21）競争均衡時のX財の需要量（家計B）

$\dfrac{P_X}{P_Y} = 1$ …相対価格

↓ 代入

$X_B = \dfrac{8}{\frac{P_X}{P_Y}} + 4$ … X財の需要関数

$X_B = \dfrac{8}{1} + 4$

$X_B = 8 + 4$

$X_B = 12$

↓ 変形 ── 均衡取引量をX_B^{**}とする。

$X_B^{**} = 12$

（22）競争均衡時のY財の需要量（家計B）

$\dfrac{P_X}{P_Y} = 1$ …相対価格

↓ 代入

$\boxed{Y_B = \dfrac{4P_X}{P_Y} + 8}$ … Y財の需要関数

$Y_B = 4 \times 1 + 8$

$Y_B = 12$

↓ 変形 ── 均衡取引量をY_B^{**}とする。

$Y_B^{**} = 12$

（23）競争均衡時の効用（家計B）

$$\begin{cases} X_B = 12 \\ Y_B = 12 \end{cases}$$

↓ 代入

$\boxed{U_B = X_B Y_B}$ …家計Bの効用関数

$U_B = 12 \times 12$

$U_B = 144$

↓ 変形 ── 均衡時の効用水準をU_B^{**}とする。

$U_B^{**} = 144$

第4章

不完全競争

独占① ★

X財の需要関数，独占企業Aの変動費用関数，固定費用が以下のように与えられている。なお，このX財市場では独占市場が成立しており，企業の行動目的が利潤最大化の場合を想定する。そこで，以下の表を完成させなさい。

・需要関数：$X = 120 - P$

・企業Aの変動費用関数：$VC = \dfrac{1}{2}X^2$

・企業Aの固定費用：$FC = 0$

逆需要関数	（1）
総収入関数	（2）
限界収入関数	（3）
総費用関数	（4）
限界費用関数	（5）
均衡取引量	（6）
均衡価格	（7）
総収入	（8）
総費用	（9）
利潤	（10）
消費者余剰	（11）
生産者余剰	（12）
社会的総余剰	（13）
厚生損失	（14）
ラーナーの独占度	（15）

P：価格
X：X財の取引量
TR：総収入
MR：限界収入
TC：総費用
VC：変動費用
FC：固定費用
MC：限界費用
π：利潤
CS：消費者余剰
PS：生産者余剰
SS：総余剰
DWL：厚生損失
　　　　（死荷重）
L：ラーナーの独占度

（1）逆需要関数

$X = 120 - P$ …需要関数

　↓　「P= …」の形へ変形

$P = -X + 120$ …逆需要関数

$P = \underset{\text{傾き}}{\boxed{-1}} \times X + \underset{\text{切片}}{\boxed{120}}$

> 縦軸がPの場合，「P=〜」の形にすることで，傾きと切片が明らかになる。

（cf）横軸切片の導出

$P = 0$

　↓　代入

$X = 120 - P$ …需要関数

$X = 120 - 0$

$X = 120$

> 縦軸がP，横軸がXの場合，横軸切片はP=0の場合のXの値であるから，需要関数に0を代入し，Xについて解くことで，横軸切片が明らかになる。

4−1

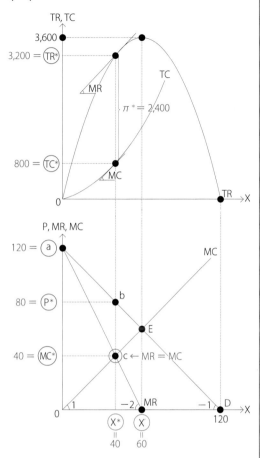

↓ 平方完成

$$TR = -(X^2 - 120X)$$

$$TR = -\left[\left(X - \frac{120}{2}\right)^2 - \left(\frac{120}{2}\right)^2\right]$$

$$TR = -\left[(X - 60)^2 - 60^2\right]$$

$$TR = -\left[(X - 60)^2 - 3,600\right]$$

$$TR = -(X - \boxed{60})^2 + \boxed{3,600}$$

頂点 $\boxed{60}$, $\boxed{3,600}$

> 平方完成をすることで, 二次関数の頂点部分が明らかになる。

（3）限界収入関数

$$TR = -X^2 + 120X$$

↓ 微分する場合は指数を明示する

$$TR = -X^2 + 120X^1$$

↓ X で微分

$$MR = -2X^{2-1} + 1 \times 120X^{1-1}$$

$$MR = -2X^1 + 120X^0$$

$$MR = -2X + 120 \times 1$$

$$MR = \overset{\downarrow}{\boxed{-2}}X + \boxed{120}$$

傾き　切片

> 限界収入関数は, 総収入関数をXで微分することで求めることができる。

(cf) 横軸切片の導出

$$MR = 0$$

↓ 代入

$$MR = -2X + 120 \cdots 限界収入関数$$

$$0 = -2X + 120$$

$$2X = 120$$

$$X = 60$$

> 縦軸がMR, 横軸がXの場合, 横軸切片はMR=0の場合のXの値であるから, 限界収入関数に0を代入し, Xについて解くことで, 横軸切片が明らかになる。

（2）総収入関数

> 不完全競争下における企業の総収入関数は, 総収入を表す式に逆需要関数を代入することで求めることができる。

$$P = -X + 120 \cdots 逆需要関数$$

↓ 代入

$$TR = PX \cdots 総収入$$

$$TR = (-X + 120)X$$

$$TR = -X^2 + 120X \cdots 総収入関数$$

$$TR = \boxed{-1} \times X^2 + 120X$$

↳ 負の値　　　　切片 0
→上に凸の放物線

(cf) 頂点の導出

$$TR = -X^2 + 120X \cdots 総収入関数$$

(cf) 逆需要関数と限界収入関数

$$\begin{cases} P = \boxed{-1} \times X + \boxed{120} \cdots 逆需要関数 \\ \quad\quad\quad \cdots 2倍 \cdots 同じ \\ MR = \boxed{-2}X + \boxed{120} \cdots 限界収入関数 \end{cases}$$

↓ 逆需要関数が直線の場合，逆需要関数の傾きを2倍にした式が限界収入関数である。

$$逆需要関数 \quad \rightarrow \quad 限界収入関数$$
$$傾き 2 倍$$

（4）総費用関数

$$\begin{cases} VC = \dfrac{1}{2}X^2 \\ FC = 0 \end{cases}$$

↓ 代入

$\boxed{TC = VC + FC}$ …総費用

$$TC = \dfrac{1}{2}X^2 + 0$$

$$TC = \boxed{\dfrac{1}{2}}X^2$$

↳正の値　　　切片 0
→下に凸の放物線

（5）限界費用関数

$$TC = \dfrac{1}{2}X^2 \ \cdots 総費用関数$$

↓ X で微分

$$MC = 2 \times \dfrac{1}{2}X^{2-1}$$

$$MC = X^1$$

$$MC = X$$

$$MC = \boxed{1} \times X$$
↳傾き

独占，複占，寡占，独占的競争は，不完全競争に含まれる。

（6）均衡取引量

◎利潤最大化条件
（不完全競争の場合）
$\boxed{数式}$ $MR = MC$

$$\begin{cases} MR = -2X + 120 \\ MC = X \end{cases}$$

↓ あてはめ

$\boxed{MR = MC}$ …利潤最大化条件

$$-2X + 120 = X$$
$$-2X - X = -120$$
$$-3X = -120$$
$$3X = 120$$
$$X = 40$$

↓ 変形 — 均衡取引量を X^* とする。

$$X^* = 40$$

（7）均衡価格

$$X = 40$$

↓ 代入

$\boxed{P = -X + 120}$ …逆需要関数

$$P = -40 + 120$$
$$P = 80$$

↓ 変形 — 均衡価格を P^* とする。

$$P^* = 80$$

（8）総収入

$$\begin{cases} P = 80 \\ X = 40 \end{cases}$$

↓ 代入

$\boxed{TR = PX}$ …総収入

$$TR = 80 \times 40$$
$$TR = 3{,}200$$

↓ 変形 — 均衡価格を TR^* とする。

$$TR^* = 3{,}200$$

（9）総費用

$$X = 40$$

↓ 代入

$\boxed{TC = \dfrac{1}{2}X^2}$ …総費用関数

$$TC = \dfrac{1}{2} \times 40^2$$

104

$$TC = \frac{1}{2} \times 1,600$$

$$TC = 800$$

↓　変形 ── 均衡価格を TC^* とする。

$$TC^* = 800$$

（10）利潤

$$\begin{cases} TR = 3,200 \\ TC = 800 \end{cases}$$

↓　代入

$\boxed{\pi = TR - TC}$ …利潤

$$\pi = 3,200 - 800$$

$$\pi = 2,400$$

↓　変形 ── 均衡利潤を π^* とする。

$$\pi^* = 2,400$$

（11）消費者余剰

$$CS = \triangle abP^*$$

↓　三角形の面積の計算

$$CS = 40 \times (120 - 80) \div 2$$

$$CS = 40 \times 40 \div 2$$

$$CS = 800$$

（12）生産者余剰

$$PS = \square P^*bc0$$

↓　台形の面積の計算

$$PS = [(80 - 40) + 80] \times 40 \div 2$$

$$PS = 120 \times 40 \div 2$$

$$PS = 2,400$$

（cf）点 MC^* の導出

$$X = 40$$

↓　代入

$\boxed{MC = X}$ …限界費用関数

$$MC = 40$$

（13）社会的総余剰

$$SS = CS + PS$$

$$SS = 800 + 2,400$$

$$SS = 3,200$$

（14）厚生損失

$$DWL = \triangle bEc$$

↓　三角形の面積の計算

$$DWL = (80 - 40) \times (60 - 40) \div 2$$

$$DWL = 40 \times 20 \div 2$$

$$DWL = 400$$

（注）X' の導出

$$\begin{cases} P = -X + 120 \cdots 逆需要関数 \\ MC = X \cdots 限界費用関数 \end{cases}$$

↓　代入

$\boxed{P = MC}$

$$-X + 120 = X$$

$$-2X = -120$$

$$2X = 120$$

$$X = 60$$

X' は需要曲線と限界費用曲線の交点であるから，$P=MC$ が成り立つ。したがって，二本の式を $P=MC$ に代入することで交点が明らかになる。

↓　変形 ── この取引量を X' とする。

$$X' = 60$$

もしX財市場が完全競争市場であれば，取引量は60となる。

（15）ラーナーの独占度

◎ラーナーの独占度

定義

ラーナーの独占度：
市場独占度の程度を表す概念。

数式

$$L = \frac{P - MC}{P}$$

↓　変形

$$L = \frac{1}{E_D}$$

ラーナーの独占度Lは需要の価格弾力性
E_Dの逆数と一致する。証明は省略する。

$$\begin{cases} P = 80 \\ MC = 40 \end{cases}$$

↓　あてはめ

$$L = \frac{P - MC}{P} \quad \cdots \text{ラーナーの独占度}$$

$$L = \frac{80 - 40}{80}$$

$$L = \frac{40}{80}$$

$$L = \frac{1}{2}$$

問題4−2 **独占②** ★

　X財の需要関数と独占企業Aの変動費用関数，固定費用が以下のように与えられている。なお，このX財市場では独占市場が成立しており，企業の行動目的が利潤最大化の場合と売上高最大化の場合を想定する。そこで，以下の表を完成させなさい。

- ・需要関数：$X = 90 - \dfrac{1}{4}P$

- ・企業Aの変動費用関数：$VC = X^2$

- ・企業Aの固定費用：$FC = 0$

	利潤最大化	売上高最人化
逆需要関数	（1）	
総収入関数	（2）	
限界収入関数	（3）	
総費用関数	（4）	
限界費用関数	（5）	
均衡取引量	（6）	（11）
均衡価格	（7）	（12）
総収入	（8）	（13）
総費用	（9）	（14）
利潤	（10）	（15）

P：価格
X：X財の取引量
TR：総収入
MR：限界収入
TC：総費用
VC：変動費用
FC：固定費用
MC：限界費用
π：利潤
CS：消費者余剰
PS：生産者余剰
SS：総余剰
DWL：厚生損失
　　　　（死荷重）

（1）逆需要関数

$X = 90 - \dfrac{1}{4}P$ …需要関数

　↓　「$P = \cdots$」の形へ変形

$4X = 360 - P$

$P = \underset{\downarrow 傾き}{\text{―}4X} + \underset{\downarrow 切片}{360}$ …逆需要関数

(cf) 横軸切片の導出

$P = 0$

　↓　代入

$X = 90 - \dfrac{1}{4}P$ …需要関数

$X = 90 - \dfrac{1}{4} \times 0$

$X = 90 - 0$

$X = 90$

（2）総収入関数

$P = -4X + 360$ …逆需要関数

　↓　代入

$TR = PX$ …総収入

$TR = (-4X + 360)X$

$TR = \underset{\downarrow 負の値}{\text{―}4X^2} + \underset{\quad 切片 0}{360X}$

　　　→上に凸の放物線

4－2

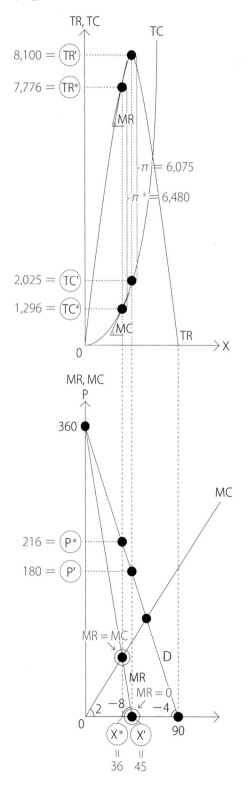

(cf) 頂点の導出

$$TR = -4X^2 + 360X \cdots 総収入関数$$

↓　平方完成

$$TR = -4\ (X^2 - 90X)$$

$$TR = -4\left[\left(X - \frac{90}{2}\right)^2 - \left(\frac{90}{2}\right)^2\right]$$

$$TR = -4\ \left[(X-45)^2 - 45^2\right]$$

$$TR = -4\ \left[(X-45)^2 - 2{,}025\right]$$

$$TR = -4\ (X-45)^2 + 4 \times 2{,}025$$

$$TR = -4\ (X-\underline{45})^2 + \underline{8{,}100}$$

$$頂点\ \ (45,\ 8{,}100)$$

（3）限界収入関数

$$TR = -4X^2 + 360X$$

↓　微分する場合は指数を明示する

$$TR = -4X^2 + 360X^1$$

↓　微分

$$MR = -2 \times 4X^{2-1} + 1 \times 360X^{1-1}$$

$$MR = -8X^1 + 360X^0$$

$$MR = -8X + 360 \times 1$$

$$MR = \underline{-8}X + \underline{360}$$

　　　　　↳傾き　↳切片

(cf) 横軸切片の導出

$$MR = 0$$

↓　代入

$$MR = -8X + 360 \cdots 限界収入関数$$

$$0 = -8X + 360$$

$$8X = 360$$

$$X = 45$$

（4）総費用関数

$$\begin{cases} VC = X^2 \\ FC = 0 \end{cases}$$

↓　代入

$$TC = VC + FC \cdots 総費用$$

$$TC = X^2 + 0$$

$TC = X^2$

$TC = \boxed{1} \times X^2$

└→正の値　　　　　切片 0

　　　→下に凸の放物線

（5）限界費用関数

$TC = X^2$

　　↓　X で微分

$MC = 2X^{2-1}$

$MC = 2X^1$

$MC = \boxed{2X}$

└→傾き　切片 0

利潤最大化

（6）均衡取引量

$$\begin{cases} MR = -8X + 360 \\ MC = 2X \end{cases}$$

　　↓　あてはめ

$\boxed{MR = MC}$ …利潤最大化条件

　$-8X + 360 = 2X$

　$-8X - 2X = -360$

　$-10X = -360$

　$10X = 360$

　$X = 36$

　　↓　変形 ── 均衡取引量を X^* とする。

$X^* = 36$

（7）均衡価格

$X = 36$

　　↓　代入

$\boxed{P = -4X + 360}$ …逆需要関数

　$P = -4 \times 36 + 360$

　$P = -144 + 360$

　$P = 216$

　　↓　変形 ── 均衡価格を P^* とする。

$P^* = 216$

（8）総収入

$$\begin{cases} P = 216 \\ X = 36 \end{cases}$$

　　↓　代入

$\boxed{TR = PX}$ …総収入

　$TR = 216 \times 36$

　$TR = 7{,}776$

　　↓　変形 ── 均衡価格を TR^* とする。

$TR^* = 7{,}776$

（9）総費用

$X = 36$

　　↓　代入

$\boxed{TC = X^2}$ …総費用関数

　$TC = 36^2$

　$TC = 1{,}296$

　　↓　変形 ── 均衡価格を TC^* とする。

$TC^* = 1{,}296$

（10）利潤

$$\begin{cases} TR = 7{,}776 \\ TC = 1{,}296 \end{cases}$$

　　↓　代入

$\boxed{\pi = TR - TC}$ …利潤

　$\pi = 7{,}776 - 1{,}296$

　$\pi = 6{,}480$

　　↓　変形 ── 均衡利潤を π^* とする。

$\pi^* = 6{,}480$

売上高最大化

（11）均衡取引量

◎売上高最大化条件（不完全競争の場合）

数式　$MR = 0$

　$MR = -8X + 360$

$\downarrow$ あてはめ

$\boxed{MR=0}$…売上高最大化条件

$-8X+360=0$

$-8X=-360$

均衡取引量は，売上高最大化条件に限界収入関数を代入することで求めることができる。

$8X=360$

$X=45$

$\downarrow$ 変形

均衡取引量をX'とする。

$X'=45$

（12）均衡価格

$X=45$

$\downarrow$ 代入

$\boxed{P=-4X+360}$…逆需要関数

$P=-4\times45+360$

$P=-180+360$

$P=180$

$\downarrow$ 変形

均衡価格をP'とする。

$P'=180$

（13）総収入

$\begin{cases} P=180 \\ X=45 \end{cases}$

$\downarrow$ 代入

$\boxed{TR=PX}$…総収入

$TR=180\times45$

$TR=8,100$

$\downarrow$ 変形

均衡価格をTR'とする。

$TR'=8,100$

（14）総費用

$X=45$

$\downarrow$ 代入

$\boxed{TC=X^2}$…総費用関数

$TC=45^2$

$TC=2,025$

$\downarrow$ 変形

均衡価格をTC'とする。

$TC'=2,025$

（15）利潤

$\begin{cases} TR=8,100 \\ TC=2,025 \end{cases}$

$\downarrow$ 代入

$\boxed{\pi=TR-TC}$…利潤

$\pi=8,100-2,025$

$\pi=6,075$

$\downarrow$ 変形

均衡利潤をπ'とする。

$\pi'=6,075$

独占③ ★

2つの市場を保有している独占市場において，市場aとbのX財の需要関数，独占企業Aの変動費用関数，固定費用が以下のように与えられている。なお，企業の行動目的が利潤最大化の場合を想定する。そこで，以下の表を完成させなさい。

- 市場aの需要関数：$X_a = -0.75P_a + 300$
- 市場bの需要関数：$X_b = -4P_b + 480$
- 企業Aの変動費用関数：$VC = 80X$
- 企業Aの固定費用：$FC = 200$

	市場a	市場b
逆需要関数	（1）	（8）
総収入関数	（2）	（9）
限界収入関数	（3）	（10）
総費用関数	（4）	
限界費用関数	（5）	
均衡取引量	（6）	（11）
均衡価格	（7）	（12）

P：価格	MR_a：市場aにおける限界収入	VC：変動費用
X_a：市場aにおけるX財の取引量	TR_b：市場bにおける総収入	FC：固定費用
X_a：市場bにおけるX財の取引量	MR_b：市場bにおける限界収入	MC：限界費用
TR_a：市場aにおける総収入	TC：総費用	

市場a

（1）逆需要関数

$X_a = -0.75P_a + 300$ …需要関数

↓ 「$P_a = \cdots$」へ変形

$0.75P_a = -X_a + 300$

$\dfrac{75}{100}P_a = -X_a + 300$

$\dfrac{3}{4}P_a = -X_a + 300$

$P_a = -\dfrac{4}{3}X_a + \dfrac{4}{3} \times 300$

$P_a = \left(-\dfrac{4}{3}\right)X_a + \boxed{400}$ …逆需要関数

　　　　↘ 傾き　↘ 切片

（cf）横軸切片の導出

$P_a = 0$

↓ 代入

$\boxed{X_a = -0.75P_a + 300}$ …需要関数

$X_a = -0.75 \times 0 + 300$

$X_a = 0 + 300$

$X_a = 300$

4−3

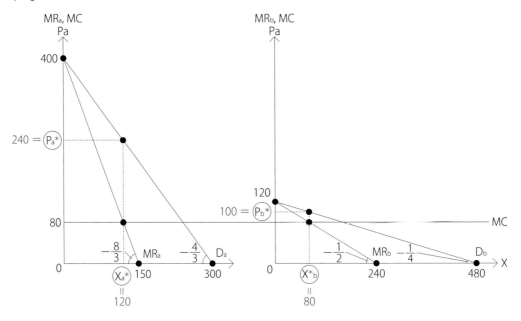

（2）総収入関数

$$P_a = -\frac{4}{3}X_a + 400 \cdots 逆需要関数$$

↓　代入

$$\boxed{TR_a = P_a X_a} \cdots 総収入$$

$$TR_a = \left(-\frac{4}{3}X_a + 400\right)X_a$$

$$TR_a = -\frac{4}{3}X_a^2 + 400X_a \quad \cdots 総収入関数$$

（3）限界収入関数

$$TR_a = -\frac{4}{3}X_a^2 + 400X_a \quad \cdots 総収入関数$$

↓　微分する場合は指数を明示する

$$TR_a = -\frac{4}{3}X_a^2 + 400X_a^1$$

↓　X で微分

$$MR_a = -2 \times \frac{4}{3}X_a^{2-1} + 1 \times 400X_a^{1-1}$$

$$MR_a = -\frac{8}{3}X_a^1 + 400X_a^0$$

$$MR_a = -\frac{8}{3}X_a + 400 \times 1$$

$$MR_a = \boxed{-\frac{8}{3}}X_a + \boxed{400} \cdots 限界収入関数$$

↓傾き　↓切片

（cf）横軸切片の導出

$$MR_a = 0$$

↓　代入

$$\boxed{MR_a = -\frac{8}{3}X_a + 400} \cdots 限界収入関数$$

$$0 = -\frac{8}{3}X_a + 400$$

$$\frac{8}{3}X_a = 400$$

$$X_a = \frac{3}{8} \times 400$$

$$X_a = 150$$

（4）総費用関数

$$\begin{cases} VC = 80X \\ FC = 200 \end{cases}$$

↓　代入

$\boxed{TC = VC + FC}$ …総費用

$TC = 80X + 200$ …総費用関数

（5）限界費用関数

$TC = 80X + 200$ …総費用関数

↓　微分する場合は指数を明示する

$TC = 80X^1 + 200$

↓　X で微分

$MC = 1 \times 80X^{1-1}$

$MC = 80X^0$

$MC = 80 \times 1$

$MC = 80$ …限界費用関数

（6）均衡取引量

◎価格差別時の利潤最大化条件

数式

$$\begin{cases} MR_a = MC \\ MR_b = MC \end{cases}$$

$$\begin{cases} MR_a = -\dfrac{8}{3}X_a + 400 \\ MC = 80 \end{cases}$$

↓　あてはめ

$\boxed{MR_a = MC}$ …利潤最大化条件

$-\dfrac{8}{3}X_a + 400 = 80$

$-\dfrac{8}{3}X_a = 80 - 400$

$-\dfrac{8}{3}X_a = -320$

$\dfrac{8}{3}X_a = 320$

$X_a = \dfrac{3}{8} \times 320$

$X_a = 120$

↓　変形 ── 均衡取引量を X_a^* とする。

$X_a^* = 120$

（7）均衡価格

$X_a = 120$

↓　代入

$\boxed{P_a = -\dfrac{4}{3}X_a + 400}$ …逆需要関数

$P_a = -\dfrac{4}{3} \times 120 + 400$

$P_a = -160 + 400$

$P_a = 240$

↓　変形 ── 均衡価格を P_a^* とする。

$P_a^* = 240$

市場 b

（8）逆需要関数

$X_b = -4P_b + 480$ …需要関数

↓　「$P_b = \cdots$」へ変形

$4P_b = -X_b + 480$

$P_b = -\left(\dfrac{1}{4}\right)X_b + \left(120\right)$ …逆需要関数

↳傾き　　↳切片

（cf）横軸切片の導出

$P_b = 0$

↓　代入

$\boxed{X_b = -4P_b + 480}$ …需要関数

$X_b = -4 \times 0 + 480$

$X_b = 0 + 480$

$X_b = 480$

（9）総収入関数

$$P_b = -\frac{1}{4}X_b + 120 \cdots 逆需要関数$$

↓　代入

$$\boxed{TR_b = P_b X_b} \cdots 総収入$$

$$TR_b = \left(-\frac{1}{4}X_b + 120\right)X_b$$

$$TR_b = -\frac{1}{4}X_b^2 + 120X_b \cdots 総収入関数$$

（10）限界収入関数

$$TR_b = -\frac{1}{4}X_b^2 + 120X_b \cdots 総収入関数$$

↓　微分する場合は指数を明示する

$$TR_b = -\frac{1}{4}X_b^2 + 120X_b^1$$

↓　Xで微分

$$MR_b = -2 \times \frac{1}{4}X_b^{2-1} + 1 \times 120X_b^{1-1}$$

$$MR_b = -\frac{1}{2}X_b^1 + 120X_b^0$$

$$MR_b = -\frac{1}{2}X_b + 120 \times 1$$

$$MR_b = \underbrace{-\frac{1}{2}}_{傾き}X_b + \underbrace{120}_{切片} \cdots 限界収入関数$$

（cf）横軸切片の導出

$$MR_b = 0$$

↓　代入

$$\boxed{MR_b = -\frac{1}{2}X_b + 120} \cdots 限界収入関数$$

$$0 = -\frac{1}{2}X_b + 120$$

$$\frac{1}{2}X_b = 120$$

$$X_b = 240$$

（11）均衡取引量

$$\begin{cases} MR_b = -\frac{1}{2}X_b + 120 \\ MC = 80 \end{cases}$$

↓　あてはめ

$$\boxed{MR_b = MC} \cdots 利潤最大化条件$$

$$-\frac{1}{2}X_b + 120 = 80$$

$$-\frac{1}{2}X_b = 80 - 120$$

$$-\frac{1}{2}X_b = -40$$

$$\frac{1}{2}X_b = 40$$

$$X_b = 80$$

↓　変形 —— 均衡取引量を X_b^* とする。

$$X_b^* = 80$$

（12）均衡価格

$$X_b = 80$$

↓　代入

$$\boxed{P_b = -\frac{1}{4}X_b + 120} \cdots 逆需要関数$$

$$P_b = -\frac{1}{4} \times 80 + 120$$

$$P_b = -20 + 120$$

$$P_b = 100$$

↓　変形 —— 均衡価格を P_b^* とする。

$$P_b^* = 100$$

複占① ★★

X財の需要関数，企業Aと企業Bの変動費用関数，固定費用が以下のように与えられている。なお，このX財市場では複占市場が成立しており，クールノー競争の状況を想定する。そこで，以下の各問に答えなさい。

・需要関数：$X = -\dfrac{1}{2}P + 300$

・企業Aの変動費用関数：$VC_A = X_A^2 + 80X_A$

・企業Aの固定費用：$FC_A = 10$

・企業Bの変動費用関数：$VC_B = X_B^2$

・企業Bの固定費用：$FC_B = 10$

	企業A	企業B
逆需要関数	（1）	
総収入関数	（2）	（7）
限界収入関数	（3）	（8）
総費用関数	（4）	（9）
限界費用関数	（5）	（10）
反応関数	（6）	（11）
均衡取引量	（12）	（13）
均衡価格	（14）	
均衡時の総収入	（15）	（18）
均衡時の総費用	（16）	（19）
均衡時の利潤	（17）	（20）

P：価格	MR_A：企業Aの限界収入	FC_A：企業Aの固定費用	MC_B：企業Bの限界費用
X：X財の取引量	TR_B：企業Bの総収入	MC_A：企業Aの限界費用	π_A：企業Aの利潤
X_A：企業AのX財の生産量	MR_b：企業Bの限界収入	TC_B：企業Bの総費用	π_B：企業Bの利潤
X_B：企業BのX財の生産量	TC_A：企業Aの総費用	VC_B：企業Bの変動費用	
TR_A：企業Aの総収入	VC_A：企業Aの変動費用	FC_B：企業Bの固定費用	

（注）（1）は X_A と X_B を用いて表現すること。

（1）逆需要関数

$X = X_A + X_B$

複占市場では，全体の取引量を2社の生産でまかなうことになる。

↓　代入

$X = -\dfrac{1}{2}P + 300$ …需要関数

$X_A + X_B = -\dfrac{1}{2}P + 300$

↓　「P＝…」へ変形

$\dfrac{1}{2}P = -X_A - X_B + 300$

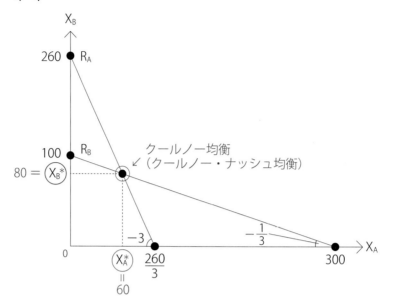

4-4

$$P = -2X_A - 2X_B + 600$$

（2）企業 A の総収入関数

$P = -2X_A - 2X_B + 600$ …逆需要関数

　　↓　代入

$\boxed{TR_A = PX_A}$…総収入

$TR_A = (-2X_A - 2X_B + 600)X_A$

$TR_A = -2X_A^2 - 2X_A X_B + 600X_A$

（3）企業 A の限界収入関数

$TR_A = -2X_A^2 - 2X_A X_B + 600X_A$

　　↓　微分する場合は指数を明示する

$TR_A = -2X_A^2 - 2X_A^1 X_B + 600X_A^1$

　　↓　X_A で微分

$MR_A = -2 \times 2X_A^{2-1} - 1 \times 2X_A^{1-1}X_B + 1 \times 600X_A^{1-1}$

$MR_A = -4X_A^1 - 2X_A^0 X_B + 600X_A^0$

$MR_A = -4X_A - 2 \times 1 \times X_B + 600 \times 1$

$MR_A = -4X_A - 2X_B + 600$

（4）企業 A の総費用関数

$$\begin{cases} VC_A = X_A^2 + 80X_A \\ FC_A = 10 \end{cases}$$

　　↓　代入

$\boxed{TC_A = VC_A + FC_A}$…総費用

$TC_A = X_A^2 + 80X_A + 10$…総費用関数

（5）企業 A の限界費用関数

$TC_A = X_A^2 + 80X_A + 10$

　　↓　微分する場合は指数を明示する

$TC_A = X_A^2 + 80X_A^1 + 10$

　　↓　X_A で微分

$MC_A = 2X_A^{2-1} + 1 \times 80X_A^{1-1}$

$MC_A = 2X_A^1 + 80X_A^0$

$MC_A = 2X_A + 80 \times 1$

$MC_A = 2X_A + 80$

（6）企業 A の反応関数

◎利潤最大化条件（不完全競争の場合）

$\boxed{数式}$　$MR = MC$

$$\begin{cases} MR_A = -4X_A - 2X_B + 600 \\ MC_A = 2X_A + 80 \end{cases}$$

↓　あてはめ

$\boxed{MR_A = MC_A}$ …利潤最大化条件

> クールノー競争における反応関数は，利潤最大化条件に限界収入関数と限界費用関数を代入することで求めることができる。

$-4X_A - 2X_B + 600 = 2X_A + 80$

$-2X_B = 2X_A + 80 + 4X_A - 600$

$-2X_B = 6X_A - 520$

$2X_B = -6X_A + 520$

$X_B = -\boxed{3}X_A + \boxed{260}$ …企業 A の反応曲線
　　　　　↳傾き　↳切片

(cf) 横軸切片の導出

$X_B = 0$

↓　代入

$\boxed{X_B = -3X_A + 260}$ …企業 A の反応曲線

$0 = -3X_A + 260$

$3X_A = 260$

$X_A = \dfrac{260}{3}$

(7) 企業 B の総収入関数

$P = -2X_A - 2X_B + 600$ …逆需要関数

↓　代入

$\boxed{TR_B = PX_B}$ …総収入

$TR_B = (-2X_A - 2X_B + 600)X_B$

$TR_B = -2X_AX_B - 2X_B^2 + 600X_B$

(8) 企業 B の限界収入関数

$TR_B = -2X_AX_B - 2X_B^2 + 600X_B$

↓　微分する場合は指数を明示する

$TR_B = -2X_AX_B^1 - 2X_B^2 + 600X_B^1$

↓　X_B で微分

$MR_B = -1 \times 2X_AX_B^{1-1}$
$\qquad -2 \times 2X_B^{2-1} + 1 \times 600X_B^{1-1}$

$MR_B = -2X_AX_B^0 - 4X_B^1 + 600X_B^0$

$MR_B = -2X_A \times 1 - 4X_B + 600 \times 1$

$MR_B = -2X_A - 4X_B + 600$

(9) 企業 B の総費用関数

$\begin{cases} VC_B = X_B^2 \\ FC_B = 10 \end{cases}$

↓　代入

$\boxed{TC_B = VC_B + FC_B}$ …総費用

$TC_B = X_B^2 + 10$

(10) 企業 B の限界費用関数

$TC_B = X_B^2 + 10$

↓　X_B で微分

$MC_B = 2X_B^{2-1}$

$MC_B = 2X_B^1$

$MC_B = 2X_B$

(11) 企業 B の反応関数

$\begin{cases} MR_B = -4X_B - 2X_A + 600 \\ MC_B = 2X_B \end{cases}$

↓　あてはめ

$\boxed{MR_B = MC_B}$ …利潤最大化条件

$-4X_B - 2X_A + 600 = 2X_B$

$-4X_B - 2X_B = 2X_A - 600$

$-6X_B = 2X_A - 600$

$6X_B = -2X_A + 600$

$X_B = -\dfrac{2}{6}X_A + \dfrac{600}{6}$

$X_B = -\boxed{\dfrac{1}{3}}X_A + \boxed{100}$ …企業 B の反応曲線
　　　　　↳傾き　↳切片

(cf) 横軸切片の導出

$X_B = 0$

↓　代入

$\boxed{X_B = -\dfrac{1}{3}X_A + 100}$ …企業 B の反応曲線

$$0 = -\frac{1}{3}X_A + 100$$

$$\frac{1}{3}X_A = 100$$

$$X_A = 300$$

(12) 企業 A の均衡取引量

$$\begin{cases} X_B = -3X_A + 260 \cdots 企業Aの反応曲線 \\ X_B = -\frac{1}{3}X_A + 100 \cdots 企業Bの反応曲線 \end{cases}$$

↓　連立方程式を解く

> クールノー均衡は企業Aの反応曲線
> と企業Bの反応曲線の交点であるか
> ら，企業Aの反応曲線と企業Bの反
> 応曲線からなる連立方程式を解けば
> クールノー均衡が明らかになる。

$$-3X_A + 260 = -\frac{1}{3}X_A + 100$$

$$-9X_A + 780 = -X_A + 300$$

$$-9X_A + X_A = 300 - 780$$

$$-8X_A = -480$$

$$8X_A = 480$$

$$X_A = 60$$

↓　変形　——　均衡取引量を X_A^* とする。

$$X_A^* = 60$$

(13) 企業 B の均衡取引量

$$X_A = 60$$

↓　代入

$$\boxed{X_B = -3X_A + 260}\cdots企業 A の反応曲線$$

$$X_B = -3 \times 60 + 260$$

$$X_B = -180 + 260$$

$$X_B = 80$$

↓　変形　——　均衡取引量を X_B^* とする。

$$X_B^* = 80$$

(14) 均衡価格

$$\begin{cases} X_A = 60 \\ X_B = 80 \end{cases}$$

↓　代入

$$\boxed{P = -2X_A - 2X_B + 600}\cdots逆需要関数$$

$$P = -2 \times 60 - 2 \times 80 + 600$$

$$P = -120 - 160 + 600$$

$$P = 320$$

(15) 企業 A の均衡時の総収入

$$\begin{cases} P = 320 \\ X_A = 60 \end{cases}$$

↓　代入

$$\boxed{TR_A = PX_A}\cdots総収入$$

$$TR_A = 320 \times 60$$

$$TR_A = 19,200$$

(16) 企業 A の均衡時の総費用

$$X_A = 60$$

↓　代入

$$\boxed{TC_A = X_A^2 + 80X_A + 10}\cdots総費用関数$$

$$TC_A = 60^2 + 80 \times 60 + 10$$

$$TC_A = 3,600 + 4,800 + 10$$

$$TC_A = 8,410$$

(17) 企業 A の均衡時の利潤

$$\begin{cases} TR_A = 19,200 \\ TC_A = 8,410 \end{cases}$$

↓　代入

$$\boxed{\pi_A = TR_A - TC_A}\cdots利潤$$

$$\pi_A = 19,200 - 8,410$$

$$\pi_A = 10,790$$

(18) 企業 B の均衡時の総収入

$$\begin{cases} P = 320 \\ X_B = 80 \end{cases}$$

↓　代入

$TR_B = PX_B$ …総収入

$TR_B = 320 \times 80$

$TR_B = 25,600$

（19）企業 B の均衡時の総費用

$X_B = 80$

↓　代入

$TC_B = X_B^2 + 10$ …総費用関数

$TC_B = 80^2 + 10$

$TC_B = 6,400 + 10$

$TC_B = 6,410$

（20）企業 B の均衡時の利潤

$$\begin{cases} TR_B = 25,600 \\ TC_B = 6,410 \end{cases}$$

↓　代入

$\pi_B = TR_B - TC_B$ …利潤

$\pi_B = 25,600 - 6,410$

$\pi_B = 19,190$

複占② ★★★

X 財の需要関数，企業 A と企業 B の変動費用関数，固定費用が以下のように与えられている。なお，この X 財市場では複占市場が成立しており，クールノー競争とシュタッケルベルク競争の 2 つの状況を想定する。そこで，以下の各問に答えなさい。

- 需要関数：$X = -P + 24$
- 企業 A の変動費用関数：$VC_A = 2X_A$
- 企業 A の固定費用：$FC_A = 0$
- 企業 B の変動費用関数：$VC_B = 4X_B$
- 企業 B の固定費用：$FC_B = 0$

	クールノー競争		シュタッケルベルク競争	
	企業A	企業B	企業A（リーダー）	企業B（フォロワー）
逆需要関数	（1）		（21）	
総収入関数	（2）	（7）	（22）	
限界収入関数	（3）	（8）	（23）	
総費用関数	（4）	（9）		
限界費用関数	（5）	（10）		
反応関数	（6）	（11）		
均衡取引量	（12）	（13）	（24）	（25）
均衡価格	（14）		（26）	
総収入	（15）	（18）	（27）	（30）
総費用	（16）	（19）	（28）	（31）
利潤	（17）	（20）	（29）	（32）

P：価格	MR_A：企業Aの限界収入	FC_A：企業Aの固定費用	MC_B：企業Bの限界費用
X：X財の取引量	TR_B：企業Bの総収入	MC_A：企業Aの限界費用	$π_A$：企業Aの利潤
X_A：企業AのX財の生産量	MR_b：企業Bの限界収入	TC_B：企業Bの総費用	$π_B$：企業Bの利潤
X_B：企業BのX財の生産量	TC_A：企業Aの総費用	VC_B：企業Bの変動費用	
TR_A：企業Aの総収入	VC_A：企業Aの変動費用	FC_B：企業Bの固定費用	

（注1）（1）は X_A と X_B を用いて示すこと。

（注2）（21）は X_A を用いて示すこと。

クールノー競争

（1）逆需要関数

$X = X_A + X_B$

↓　代入

$\boxed{X = -P + 24}$…需要関数

$X_A + X_B = -P + 24$

↓　「$P = \cdots$」へ変形

$P = -X_A - X_B + 24$

（2）企業 A の総収入関数

$P = -X_A - X_B + 24$…逆需要関数

↓　代入

$\boxed{TR_A = PX_A}$…総収入

$TR_A = (-X_A - X_B + 24)X_A$

$TR_A = -X_A^2 - X_A X_B + 24X_A$

（3）企業 A の限界収入関数

$TR_A = -X_A^2 - X_A X_B + 24X_A$

4−5

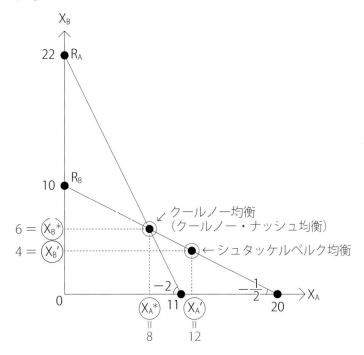

↓ 微分する場合は指数を明示する

$TR_A = -X_A^2 - X_A^1 X_B + 24X_A^1$

↓ X_A で微分

$MR_A = -2X_A^{2-1} - 1 \times X_A^{1-1} X_B + 1 \times 24X_A^{1-1}$

$MR_A = -2X_A^1 - X_A^0 X_B + 24X_A^0$

$MR_A = -2X_A - 1 \times X_B + 24 \times 1$

$MR_A = -2X_A - X_B + 24$

（4）企業 A の総費用関数

$$\begin{cases} VC_A = 2X_A \\ FC_A = 0 \end{cases}$$

↓ 代入

$\boxed{TC_A = VC_A + FC_A}$…総費用

$TC_A = 2X_A + 0$

$TC_A = 2X_A$

（5）企業 A の限界費用関数

$TC_A = 2X_A$

↓ 微分する場合は指数を明示する

$TC_A = 2X_A^1$…総費用関数

↓ X_A で微分

$MC_A = 1 \times 2X_A^{1-1}$

$MC_A = 2X_A^0$

$MC_A = 2 \times 1$

$MC_A = 2$

（6）企業 A の反応関数

$$\begin{cases} MR_A = -2X_A - X_B + 24 \\ MC_A = 2 \end{cases}$$

↓ あてはめ

$\boxed{MR_A = MC_A}$…利潤最大化条件

$-2X_A - X_B + 24 = 2$

$-X_B = 2 + 2X_A - 24$

$-X_B = 2X_A - 22$

$X_B = -2X_A + 22$…企業 A の反応関数

↳傾き ↳切片

（cf）横軸切片の導出

$X_B = 0$

↓ 代入

$\boxed{X_B = -2X_A + 22}$…企業 A の反応関数

$0 = -2X_A + 22$

$2X_A = 22$

$X_A = 11$

（7）企業 B の総収入関数

$P = -X_A - X_B + 24$…逆需要関数

↓　代入

$\boxed{TR_B = PX_B}$…総収入

$TR_B = (-X_A - X_B + 24)X_B$

$TR_B = -X_A X_B - X_B^2 + 24X_B$

（8）企業 B の限界収入関数

$TR_B = -X_A X_B - X_B^2 + 24X_B$

↓　微分する場合は指数を明示する

$TR_B = -X_A X_B^1 - X_B^2 + 24X_B^1$

↓　X_B で微分

$MR_B = -1 \times X_A X_B^{1-1} - 2X_B^{2-1} + 1 \times 24X_B^{1-1}$

$MR_B = -X_A X_B^0 - 2X_B^1 + 24X_B^0$

$MR_B = -X_A \times 1 - 2X_B + 24 \times 1$

$MR_B = -X_A - 2X_B + 24$

（9）企業 B の総費用関数

$\begin{cases} VC_B = 4X_B \\ FC_B = 0 \end{cases}$

↓　代入

$\boxed{TC_B = VC_B + FC_B}$…総費用

$TC_B = 4X_B + 0$

$TC_B = 4X_B$

（10）企業 B の限界費用関数

$TC_B = 4X_B$

↓　微分する場合は指数を明示する

$TC_B = 4X_B^1$

↓　X_B で微分

$MC_B = 1 \times 4X_B^{1-1}$

$MC_B = 4X_B^0$

$MC_B = 4 \times 1$

$MC_B = 4$

（11）企業 B の反応関数

$\begin{cases} MR_B = -2X_B - X_A + 24 \\ MC_B = 4 \end{cases}$

↓　あてはめ

$\boxed{MR_B = MC_B}$…利潤最大化条件

$-2X_B - X_A + 24 = 4$

$-2X_B = 4 + X_A - 24$

$-2X_B = X_A - 20$

$2X_B = -X_A + 20$

$X_B = -\dfrac{1}{2}X_A + \dfrac{20}{2}$

$X_B = -\dfrac{1}{2}X_A + 10$ …企業 B の反応関数

↓傾き　↓切片

（cf）横軸切片の導出

$X_B = 0$

↓　代入

$\boxed{X_B = -\dfrac{1}{2}X_A + 10}$…企業 B の反応関数

$0 = -\dfrac{1}{2}X_A + 10$

$\dfrac{1}{2}X_A = 10$

$X_A = 20$

（12）企業 A の均衡取引量

$\begin{cases} X_B = -2X_A + 22 \text{ …企業 A の反応関数} \\ X_B = -\dfrac{1}{2}X_A + 10 \text{ …企業 B の反応関数} \end{cases}$

↓　連立方程式を解く

$-2X_A + 22 = -\dfrac{1}{2}X_A + 10$

$-4X_A + 44 = -X_A + 20$

$-4X_A + X_A = 20 - 44$

$-3X_A = -24$

$3X_A = 24$

$X_A = 8$

↓ 変形 —— 均衡取引量を X_A^* とする。

$X_A^* = 8$

（13）企業Bの均衡取引量

$X_A = 8$

↓ 代入

$\boxed{X_B = -2X_A + 22}$ …企業Aの反応曲線

$X_B = -2 \times 8 + 22$

$X_B = -16 + 22$

$X_B = 6$

↓ 変形 —— 均衡取引量を X_B^* とする。

$X_B^* = 6$

（14）均衡価格

$\begin{cases} X_A = 8 \\ X_B = 6 \end{cases}$

↓ 代入

$\boxed{P = -X_A - X_B + 24}$ …逆需要関数

$P = -8 - 6 + 24$

$P = 10$

（15）企業Aの総収入

$\begin{cases} P = 10 \\ X_A = 8 \end{cases}$

↓ 代入

$\boxed{TR_A = PX_A}$ …総収入

$TR_A = 10 \times 8$

$TR_A = 80$

（16）企業Aの総費用

$X_A = 8$

↓ 代入

$\boxed{TC_A = 2X_A}$ …企業Aの総費用関数

$TC_A = 2 \times 8$

$TC_A = 16$

（17）企業Aの利潤

$\begin{cases} TR_A = 80 \\ TC_A = 16 \end{cases}$

↓ 代入

$\boxed{\pi_A = TR_A - TC_A}$ …利潤

$\pi_A = 80 - 16$

$\pi_A = 64$

（18）企業Bの総収入

$\begin{cases} P = 10 \\ X_B = 6 \end{cases}$

↓ 代入

$\boxed{TR_B = PX_B}$ …総収入

$TR_B = 10 \times 6$

$TR_B = 60$

（19）企業Bの総費用

$X_B = 6$

↓ 代入

$\boxed{TC_B = 4X_B}$ …企業Bの総費用関数

$TC_B = 4 \times 6$

$TC_B = 24$

（20）企業Bの利潤

$\begin{cases} TR_B = 60 \\ TC_B = 24 \end{cases}$

↓ 代入

$\boxed{\pi_B = TR_B - TC_B}$ …利潤

$\pi_B = 60 - 24$

$\pi_B = 36$

シュタッケルベルク競争

> リーダーである企業Aは，相手である企業Bの反応関数を織り込んで利潤最大化行動をとる。まず，そのフローとしては企業Bの反応関数を逆需要関数に代入することになる。

（21）企業 A の逆需要関数

$$X_B = -\frac{1}{2}X_A + 10 \ \cdots 企業 B の反応関数$$

↓　代入

$$\boxed{P = -X_A - X_B + 24}\cdots 逆需要関数$$

$$P = -X_A - (-\frac{1}{2}X_A + 10) + 24$$

$$P = -X_A + \frac{1}{2}X_A - 10 + 24$$

$$P = -\frac{2}{2}X_A + \frac{1}{2}X_A - 10 + 24$$

$$P = -\frac{1}{2}X_A + 14 \ \cdots 企業 A の逆需要関数$$

（22）企業 A の総収入関数

$$P = -\frac{1}{2}X_A + 14 \ \cdots 企業 A の逆需要関数$$

↓　代入

$$\boxed{TR_A = PX_A}\cdots 総収入$$

$$TR_A = (-\frac{1}{2}X_A + 14)X_A$$

$$TR_A = -\frac{1}{2}X_A^2 + 14X_A$$

（23）企業 A の限界収入関数

$$TR_A = -\frac{1}{2}X_A^2 + 14X_A$$

↓　微分する場合は指数を明示する

$$TR_A = -\frac{1}{2}X_A^2 + 14X_A^1$$

↓　X_A で微分

$$MR_A = -2 \times \frac{1}{2}X_A^{2-1} + 14X_A^{1-1}$$

$$MR_A = -X_A^1 + 14X_A^0$$

$$MR_A = -X_A + 14 \times 1$$

$$MR_A = -X_A + 14$$

（24）企業 A の均衡取引量

$$\begin{cases} MR_A = -X_A + 14 \\ MC_A = 2 \end{cases}$$

↓　あてはめ

$$\boxed{MR_A = MC_A}\cdots 利潤最大化条件$$

$$-X_A + 14 = 2$$

$$-X_A = 2 - 14$$

$$-X_A = -12$$

$$X_A = 12$$

↓　変形　——　均衡取引量を X_A^1 とする。

$$X_A^1 = 12$$

（25）企業 B の均衡取引量

$$X_A = 12$$

↓　代入

$$\boxed{X_B = -\frac{1}{2}X_A + 10}\cdots 企業 B の反応曲線$$

$$X_B = -\frac{1}{2} \times 12 + 10$$

$$X_B = -6 + 10$$

$$X_B = 4$$

↓　変形　——　均衡取引量を X_B^1 とする。

$$X_B^1 = 4$$

（26）均衡価格

$$\begin{cases} X_A = 12 \\ X_B = 4 \end{cases}$$

↓　代入

$$\boxed{P = -X_A - X_B + 24}\cdots 逆需要関数$$

$$P = -12 - 4 + 24$$

$$P = 8$$

（27）企業 A の総収入

$$\begin{cases} P = 8 \\ X_A = 12 \end{cases}$$

↓　代入

$\boxed{TR_A = PX_A}$ …総収入

$TR_A = 8 \times 12$

$TR_A = 96$

（28）企業 A の総費用

$X_A = 12$

↓　代入

$\boxed{TC_A = 2X_A}$ …総費用

$TC_A = 2 \times 12$

$TC_A = 24$

（29）企業 A の利潤

$$\begin{cases} TR_A = 96 \\ TC_A = 24 \end{cases}$$

↓　代入

$\boxed{\pi_A = TR_A - TC_A}$ …利潤

$\pi_A = 96 - 24$

$\pi_A = 72$

（30）企業 B の総収入

$$\begin{cases} P = 8 \\ X_B = 4 \end{cases}$$

↓　代入

$\boxed{TR_B = PX_B}$ …総収入

$TR_B = 8 \times 4$

$TR_B = 32$

（31）企業 B の総費用

$X_B = 4$

↓　代入

$\boxed{TC_B = 4X_B}$ …総費用

$TC_B = 4 \times 4$

$TC_B = 16$

（32）企業 B の利潤

$$\begin{cases} TR_B = 32 \\ TC_B = 16 \end{cases}$$

↓　代入

$\boxed{\pi_B = TR_B - TC_B}$ …利潤

$\pi_B = 32 - 16$

$\pi_B = 16$

問題4-6　複占③　★★★

企業Aと企業Bの直面するX財の逆需要関数，変動費用関数，固定費用が以下のように与えられている。なお，このX財市場では複占市場が成立しており，ベルトラン競争の状況を想定する。そこで，以下の各問に答えなさい。

- 企業Aが直面する逆需要関数：$P_A = -0.1X_A + 0.5P_B + 28.5$
- 企業Aの変動費用関数：$VC_A = 4X_A$
- 企業Aの固定費用：$FC_A = 10$
- 企業Bが直面する逆需要関数：$P_B = -0.25X_B + 0.5P_A + 18$
- 企業Bの変動費用関数：$VC_B = 2X_B$
- 企業Bの固定費用：$FC_B = 10$

	企業A	企業B
需要関数	（1）	（8）
総収入関数	（2）	（9）
限界収入関数	（3）	（10）
変動費用関数	（4）	（11）
総費用関数	（5）	（12）
限界費用関数	（6）	（13）
反応関数	（7）	（14）
均衡価格	（15）	（16）
均衡取引量	（17）	（18）
総収入	（19）	（22）
総費用	（20）	（23）
利潤	（21）	（24）

P_A：企業Aの価格	MR_A：企業Aの限界収入	FC_A：企業Aの固定費用	MC_B：企業Bの限界費用
P_B：企業Bの価格	TR_B：企業Bの総収入	MC_A：企業Aの限界費用	π_A：企業Aの利潤
X_A：企業AのX財の生産量	MR_b：企業Bの限界収入	TC_B：企業Bの総費用	π_B：企業Bの利潤
X_B：企業BのX財の生産量	TC_A：企業Aの総費用	VC_B：企業Bの変動費用	
TR_A：企業Aの総収入	VC_A：企業Aの変動費用	FC_B：企業Bの固定費用	

（注1）（2），（4），（5），（9），（11），（12）は P_A と P_B を用いて示すこと。
（注2）（3），（6），（10），（13）は，ある関数を価格で微分すること。

（1）企業Aの需要関数

$P_A = -0.1X_A + 0.5P_B + 28.5$ …逆需要関数

↓　「$X_A = \cdots$」へ変形

$0.1X_A = -P_A + 0.5P_B + 28.5$

$X_A = -10P_A + 5P_B + 285$ …需要関数

（2）企業Aの総収入関数

$X_A = -10P_A + 5P_B + 285$ …需要関数

↓　代入

$TR_A = P_A X_A$ …総収入

$TR_A = P_A(-10P_A + 5P_B + 285)$

$TR_A = -10P_A^2 + 5P_A P_B + 285P_A$

4−6

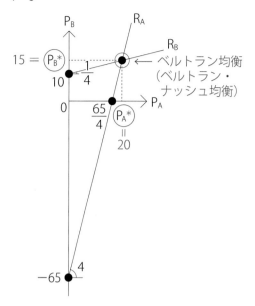

（3）企業 A の限界収入関数

$$TR_A = -10P_A^2 + 5P_A P_B + 285P_A$$

↓　微分する場合は指数を明示する

$$TR_A = -10P_A^2 + 5P_A^1 P_B + 285P_A^1$$

↓　P_A で微分

$$MR_A = -2 \times 10P_A^{2-1} + 1 \times 5P_A^{1-1}P_B$$
$$+ 1 \times 285P_A^{1-1}$$
$$MR_A = -20P_A^1 + 5P_A^0 P_B + 285P_A^0$$
$$MR_A = -20P_A + 5 \times 1 \times P_B + 285 \times 1$$
$$MR_A = -20P_A + 5P_B + 285$$

> 数量競争（クールノー競争）ではなく，価格競争（ベルトラン競争）の場合，限界収入と限界費用の概念がこれまでと若干異なる。通常，限界収入や限界費用は総収入関数や総費用関数を生産量で微分することで求まる。それに対して，価格競争の場合は，価格で微分することで求まる。

（4）企業 A の変動費用関数

$$X_A = -10P_A + 5P_B + 285 \cdots 需要関数$$

↓　代入

$$\boxed{VC_A = 4X_A}$$

$$VC_A = 4(-10P_A + 5P_B + 285)$$

$$VC_A = -40P_A + 20P_B + 1,140$$

（5）企業 A の総費用関数

$$\begin{cases} VC_A = -40P_A + 20P_B + 1,140 \\ FC_A = 10 \end{cases}$$

↓　代入

$$\boxed{TC_A = VC_A + FC_A} \cdots 総費用$$

$$TC_A = -40P_A + 20P_B + 1,140 + 10$$

$$TC_A = -40P_A + 20P_B + 1,150$$

（6）企業 A の限界費用関数

$$TC_A = -40P_A + 20P_B + 1,150$$

↓　微分する場合は指数を明示する

$$TC_A = -40P_A^1 + 20P_B + 1,150$$

↓　P_A で微分

$$MC_A = -1 \times 40P_A^{1-1}$$

$$MC_A = -40P_A^0$$

$$MC_A = -40 \times 1$$

$$MC_A = -40$$

（7）企業 A の反応関数

$$\begin{cases} MR_A = -20P_A + 5P_B + 285 \\ MC_A = -40 \end{cases}$$

↓　あてはめ

$$\boxed{MR_A = MC_A} \cdots 利潤最大化条件$$

$$-20P_A + 5P_B + 285 = -40$$

$$5P_B = -40 + 20P_A - 285$$

$$5P_B = 20P_A - 325$$

$$P_B = 4P_A - 65 \cdots 企業 A の反応関数$$
　　↳傾き　↳切片

（cf）横軸切片の導出

$$P_B = 0$$

↓　代入

$$P_B = 4P_A - 65 \cdots 企業 A の反応関数$$

$$0 = 4P_A - 65$$

$$-4P_A = -65$$

$$4P_A = 65$$

$$P_A = \frac{65}{4}$$

（8）企業 B の需要関数

$$P_B = -0.25X_B + 0.5P_A + 18 \cdots 逆需要関数$$

↓　「$X_B = \cdots$」へ変形

$$0.25X_B = -P_B + 0.5P_A + 18$$

$$X_B = -4P_B + 2P_A + 72 \cdots 需要関数$$

（9）企業 B の総収入関数

$$X_B = -4P_B + 2P_A + 72 \cdots 需要関数$$

↓　代入

$\boxed{TR_B = P_B X_B} \cdots 総収入$

$$TR_B = P_B(-4P_B + 2P_A + 72)$$

$$TR_B = -4P_B^2 + 2P_A P_B + 72P_B$$

（10）企業 B の限界収入関数

$$TR_B = -4P_B^2 + 2P_A P_B + 72P_B$$

↓　微分する場合は指数を明示する

$$TR_B = -4P_B^2 + 2P_A P_B^1 + 72P_B^1$$

↓　P_B で微分

$$MR_B = -2 \times 4P_B^{2-1} + 1 \times 2P_A P_B^{1-1}$$
$$+ 1 \times 72P_B^{1-1}$$

$$MR_B = -8P_B^1 + 2P_A P_B^0 + 72P_B^0$$

$$MR_B = -8P_B + 2P_A \times 1 + 72 \times 1$$

$$MR_B = -8P_B + 2P_A + 72 \cdots 限界収入関数$$

（11）企業 B の変動費用関数

$$X_B = -4P_B + 2P_A + 72 \cdots 需要関数$$

↓　代入

$\boxed{VC_B = 2X_B}$

$$VC_B = 2(-4P_B + 2P_A + 72)$$

$$VC_B = -8P_B + 4P_A + 144$$

（12）企業 B の総費用関数

$$\begin{cases} VC_B = -8P_B + 4P_A + 144 \\ FC_B = 10 \end{cases}$$

↓　代入

$\boxed{TC_B = VC_B + FC_B} \cdots 総費用$

$$TC_B = -8P_B + 4P_A + 144 + 10$$

$$TC_B = -8P_B + 4P_A + 154$$

（13）企業 B の限界費用関数

$$TC_B = -8P_B + 4P_A + 154$$

↓　微分する場合は指数を明示する

$$TC_B = -8P_B^1 + 4P_A + 154$$

↓　P_B で微分

$$MC_B = -1 \times 8P_B^{1-1}$$

$$MC_B = -8P_B^0$$

$$MC_B = -8 \times 1$$

$$MC_B = -8$$

（14）企業 B の反応関数

$$\begin{cases} MR_B = -8P_B + 2P_A + 72 \\ MC_B = -8 \end{cases}$$

↓　あてはめ

$\boxed{MR_B = MC_B} \cdots 利潤最大化条件$

$$-8P_B + 2P_A + 72 = -8$$

$$-8P_B = -8 - 2P_A - 72$$

$$-8P_B = -2P_A - 80$$

$$8P_B = 2P_A + 80$$

$$P_B = \frac{1}{4}P_A + 10 \cdots 反応関数$$

↓傾き　↓切片

（15）企業 A の均衡価格

$$\begin{cases} P_B = 4P_A - 65 \cdots 企業 A の反応関数 \\ P_B = \frac{1}{4}P_A + 10 \cdots 企業 B の反応関数 \end{cases}$$

↓　連立方程式を解く

$$4P_A - 65 = \frac{1}{4}P_A + 10$$

$$4P_A - \frac{1}{4}P_A = 10 + 65$$

$$4P_A - \frac{1}{4}P_A = 75$$

$$16P_A - P_A = 300$$

$$15P_A = 300$$

$$P_A = 20$$

↓ 変形 ── 均衡価格を P_A^* とする。

$$P_A^* = 20$$

（16）企業 B の均衡価格

$$P_A = 20$$

↓ 代入

$\boxed{P_B = 4P_A - 65}$ …企業 A の反応関数

$$P_B = 4 \times 20 - 65$$

$$P_B = 80 - 65$$

$$P_B = 15$$

↓ 変形 ── 均衡価格を P_B^* とする。

$$P_B^* = 15$$

（17）企業 A の均衡取引量

$$\begin{cases} P_A = 20 \\ P_B = 15 \end{cases}$$

↓ 代入

$\boxed{X_A = -10P_A + 5P_B + 285}$ …需要関数

$$X_A = -10 \times 20 + 5 \times 15 + 285$$

$$X_A = -200 + 75 + 285$$

$$X_A = 160$$

（18）企業 B の均衡取引量

$$\begin{cases} P_A = 20 \\ P_B = 15 \end{cases}$$

↓ 代入

$\boxed{X_B = -4P_B + 2P_A + 72}$ …需要関数

$$X_B = -4 \times 15 + 2 \times 20 + 72$$

$$X_B = -60 + 40 + 72$$

$$X_B = 52$$

（19）企業 A の総収入

$$\begin{cases} P_A = 20 \\ X_A = 160 \end{cases}$$

↓ 代入

$\boxed{TR_A = P_A X_A}$ …総収入

$$TR_A = 20 \times 160$$

$$TR_A = 3{,}200$$

（20）企業 A の総費用

$$X_A = 160$$

↓ 代入

$\boxed{TC_A = 4X_A + 10}$ …総費用

$$TC_A = 4 \times 160 + 10$$

$$TC_A = 640 + 10$$

$$TC_A = 650$$

ここでは問題文で与えられている変動費用と固定費用を足し合わせた総費用を用いている。

（21）企業 A の利潤

$$\begin{cases} TR_A = 3{,}200 \\ TC_A = 650 \end{cases}$$

↓ 代入

$\boxed{\pi_A = TR_A - TC_A}$ …利潤

$$\pi_A = 3{,}200 - 650$$

$$\pi_A = 2{,}550$$

（22）企業 B の総収入

$$\begin{cases} P_B = 15 \\ X_B = 52 \end{cases}$$

↓ 代入

$\boxed{TR_B = P_B X_B}$ …総収入

$$TR_B = 15 \times 52$$

$$TR_B = 780$$

（23）企業 B の総費用

$$X_B = 52$$

↓ 代入

$$TC_B = 2X_B + 10$$

$$TC_B = 2 \times 52 + 10$$

$$TC_B = 104 + 10$$

$$TC_B = 114$$

ここでは問題文で与えられている変動費用と固定費用を足し合わせた総費用を用いている。

(24) 企業 B の利潤

$$\begin{cases} TR_B = 780 \\ TC_B = 114 \end{cases}$$

↓　代入

$$\pi_B = TR_B - TC_B \cdots 利潤$$

$$\pi_B = 780 - 114$$

$$\pi_B = 666$$

利得表が以下のように与えられている。そこで，以下の表1と2を完成させなさい。

【利得表】

		企業B	
		戦略1	戦略2
企業A	戦略1	（－1，－1）	（－5，0）
	戦略2	（0，－5）	（－3，－3）

（注）表中のカッコ内は，（企業Aの利得，企業Bの利得）を表している。

表1（ミニマックス基準の場合）

	企業A	企業B
自己の戦略1に対する最小利得	（1）	（4）
自己の戦略2に対する最小利得	（2）	（5）
ミニマックス戦略	（3）	（6）
ミニマックス均衡	（7）	

表2（最適反応基準の場合）

	企業A	企業B
相手の戦略1に対する最適反応戦略	（8）	（11）
相手の戦略2に対する最適反応戦略	（9）	（12）
支配戦略	（10）	（13）
ナッシュ均衡	（14）	

（注）均衡を示す場合，（企業Aが選択する戦略，企業Bが選択する戦略）とすること。

企業A

（1）自己の戦略1に対する最小利得

◎ミニマックス基準とミニマックス戦略
定義
ミニマックス基準：自分の戦略の中で，自分にとって最悪となる状況を想定し，その中から最善のものを選択するという基準のこと
ミニマックス戦略：自分の戦略の中で最悪となる状況を想定し，その中から選択された最善な戦略のこと

【利得表】

		企業B	
		戦略1	戦略2
企業A	戦略1	（－1，－1）	（－5，0）
	戦略2	（0，－5）	（－3，－3）

企業Aの戦略1

相手（企業B）戦略1
→ 企業Aの利得 －1

相手（企業B）戦略2 ∨
→ 企業Aの利得 －5

↓

企業Aの最悪の状況 －5

企業Aの戦略1の中で，自分にとって最悪の状況（最小利得）を考える。

（2）自己の戦略2に対する最小利得

【利得表】

		企業B	
		戦略1	戦略2
企業A	戦略1	(−1, −1)	(−5, 0)
	戦略2	(⓪, −5)	(−3, −3)

企業 A の戦略2 ──

相手（企業B）戦略1
　→　企業 A の利得　⓪

相手（企業B）戦略2　∨
　→　企業 A の利得　−3

↓

企業 A の最悪の状況　−3

> 企業Aの戦略2の中で，自分にとって最悪の状況（最小利得）を考える。

（3）ミニマックス戦略

企業 A の最悪の状況 ──

戦略1　−5＝損失　⑤
　　　　　　　∨
戦略2　−3＝損失　③

↓

ミニマックス戦略　戦略2

> それぞれの戦略における最悪の状況の中で損失を最小化する戦略を選択する。

企業B

（4）自己の戦略1に対する最小利得

【利得表】

		企業B	
		戦略1	戦略2
企業A	戦略1	(−1, −1)	(−5, 0)
	戦略2	(0, −5)	(−3, −3)

企業 B の戦略1 ──

相手（企業A）戦略1
　→　企業 B の利得　−1

相手（企業A）戦略2　∨
　→　企業 1 の利得　−5

↓

> 企業Bの戦略1の中で，自分にとって最悪の状況（最小利得）を考える。

企業 B の最悪の状況　−5

（5）自己の戦略2に対する最小利得

【利得表】

		企業B	
		戦略1	戦略2
企業A	戦略1	(−1, −1)	(−5, ⓪)
	戦略2	(0, −5)	(−3, −3)

企業 B の戦略2 ──

相手（企業A）戦略1
　→　企業 B の利得　⓪

相手（企業A）戦略2　∨
　→　企業 B の利得　−3

↓

企業 B の最悪の状況　−3

> 企業Bの戦略2の中で，自分にとって最悪の状況（最小利得）を考える。

（6）ミニマックス戦略

企業 B の最悪の状況 ──

戦略1　−5＝損失　⑤
　　　　　　　∨
戦略2　−3＝損失　③

↓

ミニマックス戦略　戦略2

> それぞれの戦略における最悪の状況の中で損失を最小化する戦略を選択する。

（7）ミニマックス均衡

企業A　ミニマックス戦略　戦略2
企業B　ミニマックス戦略　戦略2

↓

ミニマックス均衡

（戦略2，戦略2）

企業A

（8）相手の戦略1に対する最適反応戦略

> 相手の戦略1に対する
> 最適な戦略を考える。

◎最適反応基準と最適反応戦略

定義

最適反応基準：相手の戦略に対して
自己の利得を最大にする戦略を選択
するという基準のこと

最適反応戦略：最適反応に対応する
戦略のこと

【利得表】

		企業B	
		戦略1	戦略2
企業A	戦略1	(-1, -1)	(-5, 0)
	戦略2	(0, -5)	(-3, -3)

相手（企業B）が戦略1を採用

↓

> 企業Aの戦略1の利得 -1
> ∧
> 企業Aの戦略2の利得 0

↓

最適反応戦略　戦略2

（9）相手の戦略2に対する最適反応戦略

> 相手の戦略2に対する
> 最適な戦略を考える。

【利得表】

		企業B	
		戦略1	戦略2
企業A	戦略1	(-1, -1)	(-5, 0)
	戦略2	(0, -5)	(-3, -3)

相手（企業B）が戦略2を採用

↓

> 企業Aの戦略1の利得 -5
> ∧
> 企業Aの戦略2の利得 -3

↓

最適反応戦略　戦略2

（10）支配戦略

◎支配戦略

定義

支配戦略：相手のどの戦略に対して
も，必ず選択される戦略のこと

（注）支配戦略は存在しないことも多い。

> 相手（企業B）が戦略1を採用
> → 企業Aの最適反応戦略　戦略2
> 相手（企業B）が戦略2を採用
> → 企業Aの最適反応戦略　戦略2

↓

支配戦略　戦略2

企業B

（11）相手の戦略1に対する最適反応戦略

> 相手の戦略1に対する
> 最適な戦略を考える。

【利得表】

		企業B	
		戦略1	戦略2
企業A	戦略1	(-1, -1)	(-5, 0)
	戦略2	(0, -5)	(-3, -3)

相手（企業A）が戦略1を採用

↓

> 企業Bの戦略1の利得 -1
> ∧
> 企業Bの戦略2の利得 0

↓

最適反応戦略　戦略2

（12）相手の戦略2に対する最適反応戦略

> 相手の戦略2に対する
> 最適な戦略を考える。

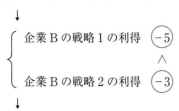

【利得表】

		企業B	
		戦略1	戦略2
企業A	戦略1	(−1, −1)	(−5, 0)
	戦略2	(0, −5)	(−3, −3)

相手（企業A）が戦略2を採用

↓

$\left\{\begin{array}{l} \text{企業Bの戦略1の利得 } \boxed{-5} \\ \qquad\qquad\qquad\qquad\land \\ \text{企業Bの戦略2の利得 } \boxed{-3} \end{array}\right.$

↓

最適反応戦略　戦略2

（13）支配戦略

$\left\{\begin{array}{l} \text{相手（企業A）が戦略1を採用} \\ \quad\rightarrow\quad \text{企業Bの最適反応戦略　戦略2} \\ \text{相手（企業A）が戦略2を採用} \\ \quad\rightarrow\quad \text{企業Bの最適反応戦略　戦略2} \end{array}\right.$

↓

支配戦略　戦略2

（14）ナッシュ均衡

◎ナッシュ均衡

定義

ナッシュ均衡：相手の戦略に対して，お互いが最適な戦略を選択し合っている状況

最適反応戦略の組み合わせ
（戦略2，戦略2）

利得表において，最適反応戦略に下線を引いておく。下線が2カ所引かれているボックスが，最適戦略の組であるから，その組がナッシュ均衡となる。

【利得表】

		企業B	
		戦略1	戦略2
企業A	戦略1	(−1, −1)	(−5, 0)
	戦略2	(0, −5)	(−3, −3)

（cf）

◎パレート最適

定義

パレート最適：少なくとも一方の利得を減らすことなく，自分の利得を増やすことのできない状況のこと

ナッシュ均衡がパレート最適か？

【利得表】

		企業B	
		戦略1	戦略2
企業A	戦略1	(−1, −1)	(−5, 0)
	戦略2	(0, −5)	(−3, −3)

（戦略2，戦略2）…ナッシュ均衡

↓

（−3, −3） ＜ （−1, −1）

↑

（戦略1，戦略1）

↓

ナッシュ均衡は，
非パレート最適である。

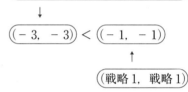

相手の利得を低下させることなく，利得を増やすことができる。

↓

囚人のジレンマ

（cf）

◎囚人のジレンマ

定義

囚人のジレンマ：お互いが利己的な行動に出る結果，かえって状況が悪化してしまう現象のこと

→「囚人のジレンマ」と呼ばれるゲームでは，ナッシュ均衡が非パレート最適となる。

問題4−8 ゲーム理論② ★★

利得表とゲームの木が以下のように与えられている。そこで，以下の表1と2を完成させなさい。

【利得表】

		企業B	
		戦略1	戦略2
企業A	戦略1	（7，6）	（5，8）
	戦略2	（9，4）	（3，2）

（注1）表中のカッコ内は，（企業Aの利得，企業Bの利得）を表している。

【ゲームの木】

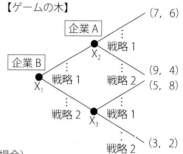

表1（同時ゲームの場合）

	企業A	企業B
相手の戦略1に対する最適反応戦略	（1）	（4）
相手の戦略2に対する最適反応戦略	（2）	（5）
支配戦略	（3）	（6）
ナッシュ均衡	（7）	

表2（交互ゲームの場合）

	企業A（後手）	企業B（先手）
ノードX₂における最適反応戦略	（8）	
ノードX₃における最適反応戦略	（9）	
ノードX₁における最適反応戦略		（10）
部分ゲーム完全均衡	（11）	

（注）均衡を示す場合，（企業Aが選択する戦略，企業Bが選択する戦略）とすること。

同時ゲーム

◎同時ゲーム

定義

同時ゲーム：すべてのプレイヤーが同時に行動するゲームのこと

（例）ジャンケン

企業A

（1）相手の戦略1に対する最適反応戦略

相手（企業B）が戦略1を採用

↓

相手の戦略1に対する最適な戦略を考える。

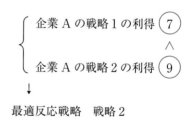

↓

最適反応戦略　戦略2

（2）相手の戦略2に対する最適反応戦略

相手（企業B）が戦略2を採用

↓

相手の戦略2に対する最適な戦略を考える。

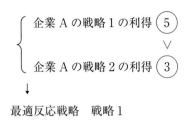

$$\begin{cases} \text{企業 A の戦略 1 の利得 }⑤ \\ \qquad\qquad ∨ \\ \text{企業 A の戦略 2 の利得 }③ \end{cases}$$

↓

　　最適反応戦略　戦略 1

（3）支配戦略

$$\begin{cases} \text{相手（企業 B）が戦略 1 を採用} \\ \quad → \quad \text{企業Aの最適反応戦略　戦略 2} \\ \text{相手（企業 B）が戦略 2 を採用} \\ \quad → \quad \text{企業Aの最適反応戦略　戦略 1} \end{cases}$$

↓

　　支配戦略　なし

> 相手の戦略1に対する最適な戦略を考える。

企業 B
（4）相手の戦略 1 に対する最適反応戦略

相手（企業 A）が戦略 1 を採用

↓

$$\begin{cases} \text{企業 B の戦略 1 の利得 }⑥ \\ \qquad\qquad ∧ \\ \text{企業 B の戦略 2 の利得 }⑧ \end{cases}$$
↓

　　最適反応戦略　戦略 2

（5）相手の戦略 2 に対する最適反応戦略

相手（企業 A）が戦略 2 を採用

↓

> 相手の戦略2に対する最適な戦略を考える。

$$\begin{cases} \text{企業 B の戦略 1 の利得 }④ \\ \qquad\qquad ∨ \\ \text{企業 B の戦略 2 の利得 }② \end{cases}$$

↓

　　最適反応戦略　戦略 1

（6）支配戦略

$$\begin{cases} \text{相手（企業 A）が戦略 1 を採用} \\ \quad → \quad \text{企業Bの最適反応戦略　戦略 2} \\ \text{相手（企業 A）が戦略 2 を採用} \\ \quad → \quad \text{企業Bの最適反応戦略　戦略 1} \end{cases}$$

↓

　　支配戦略　なし

> ナッシュ均衡が複数存在することがある。

（7）ナッシュ均衡

最適反応戦略の組み合わせ

① （戦略 1，戦略 2）

② （戦略 2，戦略 1）

【利得表】

		企業B	
		戦略 1	戦略 2
企業A	戦略 1	（7，<u>6</u>）	<u>5</u>，<u>8</u>
	戦略 2	（<u>9</u>，<u>4</u>）	（3，2）

> 利得表において，最適反応戦略に下線を引いておく。下線が2カ所引かれているボックスが，最適戦略の組であるから，その組がナッシュ均衡となる。

交互ゲーム

◎交互ゲームとバックワードインダクション

定義

交互ゲーム：プレイヤーが交互に行動するゲームのこと

（例）将棋，オセロ

バックワードインダクション（後方からの帰納法）：後手の行動から順番に逆戻って解いてゆく方法のこと，交互ゲームにおける解答法のこと

企業 A（後手）

（8）ノード X_2 における最適反応戦略

企業 A 戦略 1
→　企業 A の利得 ⑦
企業 A 戦略 2　　　∧
→　企業 A の利得 ⑨

↓

最適反応戦略　戦略 2

（9）ノード X_3 における最適反応戦略

企業 A 戦略 1
→　企業 A の利得 ⑤
企業 A 戦略 2　　　∨
→　企業 A の利得 ③

↓

最適反応戦略　戦略 1

企業Bが戦略1を選んだ場合（ノードX_2）の企業Aの最適反応は，戦略2である。したがって，企業Bの利得は4となる。

企業 B（先手）

（10）ノード X_1 における最適反応戦略

企業 B 戦略 1
→　企業 B の利得 ④
企業 B 戦略 2　　　∧
→　企業 B の利得 ⑧

↓

最適反応戦略　戦略 2

企業Bが戦略2を選んだ場合（ノードX_3）の企業Aの最適反応は，戦略1である。したがって，企業Bの利得は8となる。

（11）部分ゲーム完全均衡

◎部分ゲーム完全均衡

定義

部分ゲーム完全均衡：ナッシュ均衡の考え方を土台とした，多期間におけるゲームの均衡概念のこと

先手　企業 B の最適反応
→　戦略 2
↓　それを受けて
後手　企業 A の最適反応
→　戦略 1

↓

部分ゲーム完全均衡

（戦略 1，戦略 2）

　利得表が以下のように与えられている。なお，混合戦略を採用する場合には，企業1が確率p，企業2が確率qで戦略1を採用するとする。そこで，以下の表1と2を完成させなさい。

【利得表】

		企業B	
		戦略1	戦略2
企業A	戦略1	(50, 50)	(60, 60)
	戦略2	(40, 80)	(80, 40)

（注1）表中のカッコ内は，（企業Aの利得，企業Bの利得）を表している。

表1　（純粋戦略の場合）

	企業A	企業B
相手の戦略1に対する最適反応戦略	（1）	（4）
相手の戦略2に対する最適反応戦略	（2）	（5）
支配戦略	（3）	（6）
ナッシュ均衡	（7）	

表2　（混合戦略の場合）

	企業A	企業B
戦略2を選択する確率	（8）	（9）
戦略1を選択した場合の期待利得	（10）	（16）
戦略2を選択した場合の期待利得	（11）	（17）
反応関数	（12）	（18）
q＞2/3の場合の最適反応	（13）	
q＝2/3の場合の最適反応	（14）	
q＜2/3の場合の最適反応	（15）	
p＜4/5の場合の最適反応		（19）
p＝4/5の場合の最適反応		（20）
p＞4/5の場合の最適反応		（21）
ナッシュ均衡	（22）	

（注）均衡を示す場合，（7）では（企業Aが選択する戦略，企業Bが選択する戦略），（22）では（企業Aが戦略を選択する確率，企業Bが戦略を選択する確率）とすること。

純粋戦略

◎純粋戦略

定義

純粋戦略：ある1つの選択肢を確定的に選択するという戦略のこと

企業A

（1）相手の戦略1に対する最適反応

　相手（企業B）が戦略1を採用

　↓

4−9

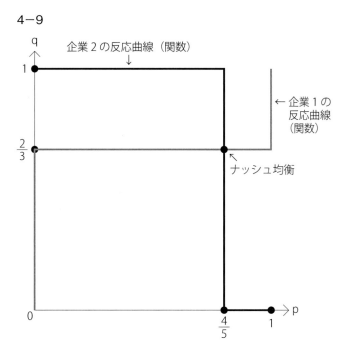

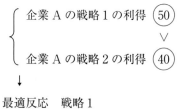

最適反応　戦略1

（2）相手の戦略2に対する最適反応

相手（企業B）が戦略2を採用

↓

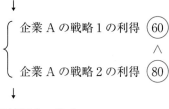

最適反応　戦略2

（3）支配戦略

相手（企業B）が戦略1を採用

→　企業Aの最適反応　戦略1

相手（企業B）が戦略2を採用

→　企業Aの最適反応　戦略2

↓

支配戦略　なし

企業B

（4）相手の戦略1に対する最適反応

相手（企業A）が戦略1を採用

↓

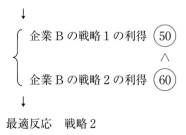

最適反応　戦略2

（5）相手の戦略2に対する最適反応

相手（企業A）が戦略2を採用

↓

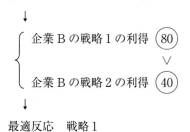

最適反応　戦略1

（6）支配戦略

相手（企業 A）が戦略1を採用

→ 企業 B の最適反応　戦略2

相手（企業 A）が戦略2を採用

→ 企業 B の最適反応　戦略1

↓

支配戦略　なし

> 利得表において，下線が2カ所引かれているボックスがナッシュ均衡となる。今回はナッシュ均衡が存在しない。

（7）ナッシュ均衡

最適戦略の組み合わせ

なし

【利得表】

		企業B	
		戦略1	戦略2
企業A	戦略1	(50, 50)	(60, 60)
	戦略2	(40, 80)	(80, 40)

混合戦略

◎混合戦略

定義

混合戦略：確率を混ぜ合わせた（混合させた）戦略のこと

（8）企業 A が戦略2を選択する確率

確率の合計1 ⎰ 戦略1の確率 p
　　　　　　 ⎱ 戦略2の確率 (1−p)

> 確率の合計は1であるから，戦略が2つしかない場合，1から戦略1を選択する確率を差し引けば，戦略2を選択する確率が求まる。

（9）企業 B が戦略2を選択する確率

確率の合計1 ⎰ 戦略1の確率 q
　　　　　　 ⎱ 戦略2の確率 (1−q)

企業 A

（10）戦略1を選択した場合の期待利得

◎戦略 i の期待利得

定義

戦略 i の期待利得：自分の戦略 i に対する，確率を考慮した平均利得のこと

状況

「自分の戦略 i を踏まえると，P_X の確率で利得が X，P_Y の確率で利得が Y となる。」

自分の戦略 i

	状態1	状態2
確率	P_X	P_Y
利得	X	Y

数式

$E\pi_i = P_X X + P_Y Y$

$$\begin{cases} P_X = q \\ P_Y = (1-q) \\ X = 50 \\ Y = 60 \\ i = 1 \end{cases}$$

【利得表】$P_X = q$　$P_Y = (1-q)$

		企業B	
		戦略1	戦略2
企業A	戦略①=i	X=(50, 50)	Y=(60, 60)
	戦略2	(40, 80)	(80, 40)

> 戦略1を選ぶと，q の確率で50の利得，(1−q) の確率で60の利得を得られる。

↓　あてはめ

$E\pi_i = P_X X + P_Y Y$ …戦略 i 期待利得

$E\pi_1 = q \times 50 + (1-q) \times 60$

$E\pi_1 = 50q + 60 - 60q$

$E\pi_1 = -10q + 60$

（11）戦略２を選択した場合の期待利得

$$\begin{cases} P_X = q \\ P_Y = (1-q) \\ X = 40 \\ Y = 80 \\ i = 2 \end{cases}$$

【利得表】$P_X = q$　$P_Y = (1-q)$

		企業B	
		戦略1	戦略2
企業A	戦略1	(50, 50)	(60, 60)
	戦略2 $= i$	$X=40$ 80	$Y=80$ 40

戦略２を選ぶと，qの確率で40の利得，
（1−q）の確率で80の利得を得られる。

↓　あてはめ

$E\pi_i = P_X X + P_Y Y$ …戦略 i の期待利得

$E\pi_2 = q \times 40 + (1-q) \times 80$

$E\pi_2 = 40q + 80 - 80q$

$E\pi_2 = -40q + 80$

（12）反応関数

◎期待利得

定義

期待利得：自分の戦略全般に対する，確率を考慮した平均利得のこと

状況

「自分の戦略を踏まえると，P_1 の確率で利得が $E\pi_1$，P_2 の確率で利得が $E\pi_2$ となる。」

自分の戦略

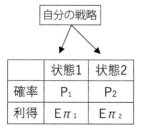

	状態1	状態2
確率	P_1	P_2
利得	$E\pi_1$	$E\pi_2$

数式

$E\pi = P_1 E\pi_1 + P_2 E\pi_2$

→この式は，反応関数（期待利得関数）と呼ばれる。

$$\begin{cases} P_1 = p \\ P_2 = (1-p) \\ E\pi_1 = -10q + 60 \\ E\pi_2 = -40q + 80 \end{cases}$$

↓　あてはめ

$E\pi = P_1 E\pi_1 + P_2 E\pi_2$ …反応関数

$E\pi = p(-10q + 60) + (1-p)(-40q + 80)$

$E\pi = -10qp + 60p - 40q + 80 + 40qp - 80p$

$E\pi = -20p + 30pq + 80 - 40q$

$E\pi = (-20 + 30q)p + (80 - 40q)$

↓　企業 A の期待利得を $E\pi_A$ とする

$E\pi_A = (-20 + 30q)p + (80 - 40q)$

企業Aは期待利得を最大化する際，pを変化させるため，操作しやすくなるように，pでくくれるところはくくっておく。

（13）$q > 2/3$ の場合の最適反応

$(-20 + 30q) > 0$ の場合

↓　すなわち

$30q > 20$

$q > \dfrac{20}{30}$

$q > \dfrac{2}{3}$ の場合

企業Aの反応関数の右辺のカッコ内の値が正の場合を考えている。

↓　企業 A の期待利得最大化

$p = 1$

そもそも確率は0以上，1以下の値となる。この場合，pの値を最大の値である1とする時，期待利得が最大化する。

（14）$q=2/3$ の場合の最適反応

$(-20+30q)=0$ の場合 ───

↓　すなわち

> 企業Aの反応関数の右辺のカッコ内の値が0の場合を考えている。

$30q=20$

$q=\dfrac{20}{30}$

$q=\dfrac{2}{3}$ の場合

↓　企業 A の期待利得最大化

$0 \leqq p \leqq 1$ ───

> そもそも確率は 0 以上，1 以下の値となる。この場合，その範囲内であればどの値でも期待利得に変化はないため，Pの値は 0 以上 1 以下となる。

（15）$q<2/3$ の場合の最適反応

$(-20+30q)<0$ の場合 ───

↓　すなわち

> 企業Aの反応関数の右辺のカッコ内の値が負の場合を考えている。

$30q<20$

$q<\dfrac{20}{30}$

$q<\dfrac{2}{3}$ の場合

↓　企業 A の期待利得最大化

$p=0$ ───

> そもそも確率は 0 以上，1 以下の値となる。この場合，pの値を最小の値である 0 とする時，期待利得が最大化する。

企業 B

（16）戦略 1 を選択した場合の期待利得

$$\begin{cases} P_X=p \\ P_Y=(1-p) \\ X=50 \\ Y=80 \\ i=1 \end{cases}$$

【利得表】 $P_X=$Ⓟ　$P_Y=$（1-P）

		企業B	
		戦略①$=i$	戦略 2
企業A	戦略 1	(50, ㊿)$=X$	(60, 60)
	戦略 2	(40, ⑧⓪)$=Y$	(80, 40)

↓　あてはめ

$E\pi_i=P_XX+P_YY$ …戦略 i の期待利得

$E\pi_1=p\times50+(1-p)\times80$

$E\pi_1=50p+80-80p$

$E\pi_1=-30p+80$

（17）戦略 2 を選択した場合の期待利得

$$\begin{cases} P_X=p \\ P_Y=(1-p) \\ X=60 \\ Y=40 \\ i=2 \end{cases}$$

【利得表】 $P_X=$Ⓟ　$P_Y=$（1-P）

		企業B	
		戦略 1	戦略②$=i$
企業A	戦略 1	(50, 50)	(60, ⑥⓪)$=X$
	戦略 2	(40, 80)	(80, ㊵)$=Y$

↓　あてはめ

$E\pi_i=P_XX+P_YY$ …戦略 i の期待利得

$E\pi_2=p\times60+(1-p)\times40$

$E\pi_2=60p+40-40p$

$E\pi_2=20p+40$

（18）反応関数

$$\begin{cases} P_1=q \\ P_2=(1-q) \\ E\pi_1=-30p+80 \\ E\pi_2=20p+40 \end{cases}$$

↓　あてはめ

$E\pi=P_1E\pi_1+P_2E\pi_2$ …反応関数

$E\pi=q(-30p+80)+(1-q)(20p+40)$

$E\pi=-30pq+80q+20p+40-20pq-40q$

$E\pi=40q-50pq+40+20p$

$$E\pi = (40-50p)q + (40+20p)$$

↓　企業Bの期待利得を $E\pi_B$ とする

$$E\pi_B = (40-50p)q + (40+20p)$$

> 企業Bは期待利得を最大化する際，qを変化させるため，操作しやすくなるように，qでくくれるところはくくっておく。

（19）$p<4/5$ の場合の最適反応

$(40-50p) > 0$ の場合

> 企業Bの反応関数の右辺のカッコ内の値が正の場合を考えている。

↓　すなわち

$$40 > 50p$$

$$\frac{40}{50} > p$$

$$\frac{4}{5} > p$$

$p < \dfrac{4}{5}$ の場合

↓　企業Bの期待利得最大化

$q=1$

> そもそも確率は0以上，1以下の値となる。この場合，qの値を最大の値である1とする時，期待利得が最大化する。

（20）$p=4/5$ の場合の最適反応

$(40-50p) = 0$ の場合

> 企業Bの反応関数の右辺のカッコ内の値が0の場合を考えている。

↓　すなわち

$$40 = 50p$$

$$\frac{40}{50} = p$$

$$\frac{4}{5} = p$$

$p = \dfrac{4}{5}$ の場合

↓　企業Bの期待利得最大化

$0 \leqq q \leqq 1$

> そもそも確率は0以上，1以下の値となる。この場合，その範囲内であればどの値でも期待利得に変化はないため，Pの値は0以上1以下となる。

（21）$p > 4/5$ の場合の最適反応

$(40-50p) < 0$ の場合

> 企業Bの反応関数の右辺のカッコ内の値が負の場合を考えている。

↓　すなわち

$$40 < 50p$$

$$\frac{40}{50} < p$$

$$\frac{4}{5} < p$$

$p > \dfrac{4}{5}$ の場合

↓　企業Bの期待利得最大化

$q=0$

> そもそも確率は0以上，1以下の値となる。この場合，qの値を最小の値である0とする時，期待利得が最大化する。

（22）ナッシュ均衡

グラフの交点がナッシュ均衡となる。

$$\left(\frac{4}{5},\ \frac{2}{3}\right)$$

> 純粋戦略で考えてナッシュ均衡が存在しなかったとしても，混合戦略へ拡張すれば必ずナッシュ均衡は存在する。

第 5 章

市場の失敗

家計Aと家計Bからなる経済を考え，彼らの公共財に対する需要関数，変動費用関数と固定費用が以下のように与えられている。なお，フリーライダーが存在しない場合と家計Aがフリーライダーである場合の2つの状況を想定する。そこで，以下の表を完成させなさい。

・家計Aの需要関数：$X_A = -\dfrac{1}{3}P_A + 150$

・家計Bの需要関数：$X_B = -\dfrac{1}{2}P_B + 150$

・変動費用関数：$VC = \dfrac{1}{2}X^2$

・固定費用：$FC = 1,000$

	フリーライダー発生前	フリーライダー発生後
家計Aの限界便益関数	（1）	
家計Bの限界便益関数	（2）	
社会的限界便益関数	（3）	（7）
総費用関数	（4）	
限界費用関数	（5）	
最適供給量	（6）	（8）

P：社会的限界便益（価格）
P_A：家計Aの限界便益（価格）
P_B：家計Bの限界便益（価格）
X_A：家計Aの公共財の需要量
X_B：家計Bの公共財の需要量
X：公共財の取引量
TC：総費用
VC：変動費用
FC：固定費用
MC：限界費用

（注）（1）と（2）は，Xを用いて示すこと。

（1）家計Aの限界便益関数

$X_A = X$

↓ 代入

公共財は等量消費が可能であるため，個々の家計の需要量は社会全体の需要量Xと等しくなる。

$X_A = -\dfrac{1}{3}P_A + 150$ …需要関数

$X = -\dfrac{1}{3}P_A + 150$

↓ 「$P_A = \sim$」へ変形

需要関数を「$P_A = \sim$」の形に変形することで限界便益関数（逆需要関数）が求まる。

$\dfrac{1}{3}P_A = -X + 150$

$P_A = -3X + 450$
　　　↘傾き　↘切片

（cf）横軸切片の導出

$P_A = 0$

↓ 代入

縦軸がP_A，横軸がXの場合，横軸切片は$P_A=0$の場合のXの値であるから，需要関数（or限界便益関数）のP_Aに0を代入し，Xについて解くことで，横軸切片が明らかになる。

5－1

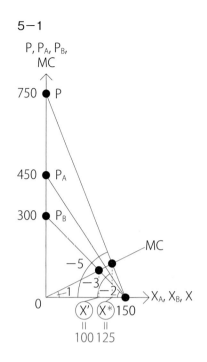

P, P$_A$, P$_B$,
MC

750 ● P

450 ● P$_A$

300 ● P$_B$

MC

−5

−3 −2

−1

0 ／ X$_A$, X$_B$, X

X′ X* 150
‖ ‖
100 125

$\boxed{X = -\dfrac{1}{3}P_A + 150}$ …需要関数

$X = -\dfrac{1}{3} \times 0 + 150$

$X = -0 + 150$

$X = 150$

> 等量消費（X＝X$_A$）を踏まえた需要関数を用いる。

（2）家計 B の限界便益関数

$X_B = X$

↓　代入

> 公共財は等量消費が可能であるため，個々の家計の需要量は社会全体の需要量Xと等しくなる。

$\boxed{X_B = -\dfrac{1}{2}P_B + 150}$ …需要関数

$X = -\dfrac{1}{2}P_B + 150$

↓　「P$_B$＝～」へ変形

$\dfrac{1}{2}P_B = -X + 150$

$P_B = \underset{\text{↓傾き}}{\boxed{-2}}X + \underset{\text{↓切片}}{\boxed{300}}$

（cf）横軸切片の導出

$P_B = 0$

↓　代入

$\boxed{X = -\dfrac{1}{2}P_B + 150}$ …需要関数

> 等量消費（X＝X$_B$）を踏まえた需要関数を用いる。

$X = -\dfrac{1}{2} \times 0 + 150$

$X = -0 + 150$

$X = 150$

> 公共財は等量消費が可能であるため，家計の限界便益の和が社会的限界便益となる。

（3）社会的限界便益関数

◎社会的限界便益

数式　$P = P_A + P_B$

$\begin{cases} P_A = -3X + 450 \cdots \text{家計A限界便益関数} \\ P_B = -2X + 300 \cdots \text{家計B限界便益関数} \end{cases}$

↓　代入

$\boxed{P = P_A + P_B}$ …社会的限界便益

$P = (-3X + 450) + (-2X + 300)$

$P = \underset{\text{↓傾き}}{\boxed{-5}}X + \underset{\text{↓切片}}{\boxed{750}}$ …社会的限界便益関数

（cf）横軸切片の導出

$P = 0$

↓　代入

$\boxed{P = -5X + 750}$ …社会的限界便益関数

$0 = -5X + 750$

$5X = 750$

$X = 150$

（4）総費用関数

$\begin{cases} VC = \dfrac{1}{2}X^2 \\ FC = 1{,}000 \end{cases}$

↓ 代入

$\boxed{TC = VC + FC}$ …総費用

$TC = \dfrac{1}{2}X^2 + 1{,}000$

（5）限界費用関数

$TC = \dfrac{1}{2}X^2 + 1{,}000$

↓ 微分

$MC = 2 \times \dfrac{1}{2}X^{2-1}$

$MC = X^1$

$MC = X$

$MC = \underbrace{①}_{\text{傾き}} \times X$

（6）最適供給量

◎サミュエルソン条件

（公共財の最適供給条件）

$\boxed{\text{数式}}$ $P = MC$

$\begin{cases} P = -5X + 750 \\ MC = X \end{cases}$

↓ 代入

$\boxed{P = MC}$ …サミュエルソン条件

$-5X + 750 = X$

$-5X - X = -750$

$-6X = -750$

$6X = 750$

$X = 125$

↓ 変形

$X^* = 125$

均衡供給量をX^*とする。

（7）社会的限界便益関数

$\begin{cases} P_A = 0 \text{ …家計 A 限界便益関数} \\ P_B = -2X + 300 \text{ …家計B限界便益関数} \end{cases}$

↓ 代入

$\boxed{P = P_A + P_B}$ …社会的限界便益

$P = 0 + (-2X + 300)$

$P = \underbrace{-2X}_{\text{傾き}} + \underbrace{⑤⓪⓪}_{\text{切片}}$

フリーライダーのため, 限界便益をゼロとする。

（8）最適供給量

$\begin{cases} P = -2X + 300 \\ MC = X \end{cases}$

↓ 代入

$\boxed{P = MC}$ …サミュエルソン条件

$-2X + 300 = X$

$-2X - X = -300$

$-3X = -300$

$3X = 300$

$X = 100$

↓ 変形

$X' = 100$

均衡供給量（フリーライダー発生後）をX'とする。

X財市場の需要関数，市場全体の私的変動費用関数，私的固定費用，外部費用関数が以下のように与えられている。なお，私的均衡（競争均衡）が実現している場合とピグー税（従量税）を課して社会的均衡が実現している場合の2つの状況を想定する。そこで，以下の表を完成させなさい。

・需要関数：$X = -\dfrac{1}{2}P + 600$

・私的変動費用関数：$VC = X^2 + 200X$

・私的固定費用：$FC = 12$

・外部費用関数：$SC = \dfrac{1}{2}X^2$

	私的均衡	社会的均衡
私的総費用関数	（1）	
私的限界費用関数	（2）	（16）
社会的総費用関数	（3）	
社会的限界費用関数	（4）	
逆需要関数	（5）	
均衡取引量	（6）	（12）
均衡価格	（7）	（13）
消費者余剰	（8）	（17）
生産者余剰	（9）	（18）
外部不経済	（10）	（19）
政府余剰		（20）
ピグー税		（15）
社会的総余剰	（11）	（21）
厚生損失	（14）	

P：価格
X：X財の取引量
TR：総収入
MR：限界収入
PTC：私的総費用
STC：社会的総費用
VC：変動費用
FC：固定費用
SC：外部費用
PMC：私的限界費用
T：ピグー税
PMC'：
　課税後限界費用
SMC：
　社会的限界費用
CS：消費者余剰
PS：生産者余剰
GS：政府余剰
SS：総余剰
DWL：厚生損失
　（死荷重）

私的均衡

（1）私的総費用関数

$$\begin{cases} VC = X^2 + 200X \\ FC = 12 \end{cases}$$

↓　代入

$\boxed{PTC = VC + FC}$…私的総費用

$PTC = X^2 + 200X + 12$

（2）私的限界費用関数

$PTC = X^2 + 200X + 12$

↓　微分する場合は指数を明示する

$PTC = X^2 + 200X^1 + 12$

↓　微分

$PMC = 2X^{2-1} + 1 \times 200X^{1-1}$

$PMC = 2X^1 + 200X^0$

$PMC = 2X + 200 \times 1$

5-2

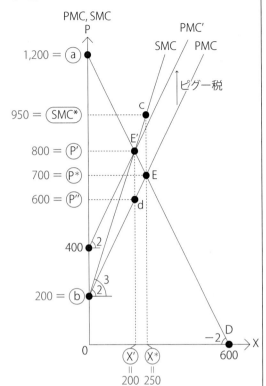

$PMC = 2X + 200$
↳傾き ↳切片

（３）社会的総費用関数

◎外部不経済発生時の社会的総費用
数式 $STC = PTC + SC$

$\begin{cases} PTC = X^2 + 200X + 12 \\ SC = \dfrac{1}{2}X^2 \end{cases}$

↓ 代入

$STC = PTC + SC$ … 社会的総費用

$STC = X^2 + 200X + 12 + \dfrac{1}{2}X^2$

$STC = \dfrac{2}{2}X^2 + 200X + 12 + \dfrac{1}{2}X^2$

$STC = \dfrac{3}{2}X^2 + 200X + 12$

（４）社会的限界費用関数

$STC = \dfrac{3}{2}X^2 + 200X + 12$

↓ 微分する場合は指数を明示する

$STC = \dfrac{3}{2}X^2 + 200X^1 + 12$

↓ 微分

$SMC = 2 \times \dfrac{3}{2}X^{2-1} + 1 \times 200X^{1-1}$

$SMC = 3X^1 + 200X^0$

$SMC = 3X + 200 \times 1$

$SMC = 3X + 200$
↳傾き ↳切片

（５）逆需要関数

$X = -\dfrac{1}{2}P + 600$ …需要関数

↓ 「P = ～」へ変形

$\dfrac{1}{2}P = -X + 600$

$P = -2X + 1,200$ …逆需要関数
↳傾き ↳切片

（cf）横軸切片の導出

$P = 0$

↓ 代入

$X = -\dfrac{1}{2}P + 600$ …需要関数

$X = -\dfrac{1}{2} \times 0 + 600$

$X = 0 + 600$

$X = 600$

（６）均衡取引量

◎私的均衡条件
数式 $P = PMC$

$$\begin{cases} P = -2X + 1,200 \cdots \text{逆需要関数} \\ PMC = 2X + 200 \end{cases}$$

↓ 代入

$\boxed{P = PMC}$ ···私的均衡条件

$-2X + 1,200 = 2X + 200$

$-2X - 2X = 200 - 1,200$

$-4X = -1,000$

$4X = 1,000$

$X = 250$

↓ 変形 ── 均衡取引量を X^* とする。

$X^* = 250$

（7）均衡価格

$X = 250$

↓ 代入

$\boxed{P = -2X + 1,200}$ ···逆需要関数

$P = -2 \times 250 + 1,200$

$P = -500 + 1,200$

$P = 700$

↓ 変形 ── 均衡価格を P^* とする。

$P^* = 700$

（8）消費者余剰

$CS = \triangle aEP^*$

↓ 三角形の面積の計算

$CS = 250 \times (1,200 - 700) \div 2$

$CS = 250 \times 500 \div 2$

$CS = 62,500$

（9）生産者余剰

$PS = \triangle P^* Eb$

↓ 三角形の面積の計算

$PS = 250 \times (700 - 200) \div 2$

$PS = 250 \times 500 \div 2$

$PS = 62,500$

（10）外部不経済

外部不経済 $= \triangle bcE$

↓ 三角形の面積の計算

外部不経済 $= (950 - 700) \times 250 \div 2$

外部不経済 $= 250 \times 250 \div 2$

外部不経済 $= 31,250$

（cf）SMC* の導出

$X = 250$

↓ 代入

$\boxed{SMC = 3X + 200}$

$SMC = 3 \times 250 + 200$

$SMC = 750 + 200$

$SMC = 950$

（11）社会的総余剰

$SS = CS + PS - \text{外部不経済}$

$SS = 62,500 + 62,500 - 31,250$

$SS = 93,750$

社会的均衡

（12）均衡取引量

◎社会的均衡条件

$\boxed{\text{数式}}$ $P = SMC$

$$\begin{cases} P = -2X + 1,200 \cdots \text{逆需要関数} \\ SMC = 3X + 200 \end{cases}$$

↓ 代入

$\boxed{P = SMC}$ ···社会的均衡条件

$-2X + 1,200 = 3X + 200$

$-2X - 3X = 200 - 1,200$

$-5X = -1,000$

$5X = 1,000$

$X = 200$

↓ 変形 ── 均衡取引量を X' とする。

$X' = 200$

（13）均衡価格

$X = 200$

↓ 代入

$\boxed{P = -2X + 1{,}200}$ …逆需要関数

$P = -2 \times 200 + 1{,}200$

$P = -400 + 1{,}200$

$P = 800$

↓ 変形 —— 均衡価格をP'とする。

$P' = 800$

（14）厚生損失

$DWL = \triangle E'cE$

↓ 三角形の面積の計算

$DWL = (950 - 700) \times (250 - 200) \div 2$

$DWL = 250 \times 50 \div 2$

$DWL = 6{,}250$ ——

課税後の社会的総余剰から課税前の社会的総余剰を差し引くことでも求まる。

（15）ピグー税

◎ピグー税

数式　$T = P' - P''$

社会的均衡実現時の SMC と PMC の差額

社会的均衡E'実現時のSMCとPMCの差額分だけPMCを上方シフトさせる必要がある。したがって，p'（or 点 E'）とP''（or 点 d）の差額分だけピグー税を課せば良い。

$\begin{cases} P' = 800 \\ P'' = 600 \end{cases}$

↓ あてはめ

$\boxed{T = P' - P''}$ …ピグー税

$= 800 - 600$

$= 200$

（cf）P''の導出（点dの導出）

$X = 200$

↓ 代入

$\boxed{PMC = 2X + 200}$

$PMC = 2 \times 200 + 200$

$PMC = 400 + 200$

$PMC = 600$

↓ 変形 —— $X = 200$の時のPMCをP''とする。

$P'' = 600$

（16）私的限界費用関数（課税後）

◎課税後 PMC

数式　$PMC' = PMC + T$

$\begin{cases} PMC = 2X + 200 \\ T = 200 \end{cases}$

↓ あてはめ

$\boxed{PMC' = PMC + T}$ …課税後 PMC

$PMC' = 2X + 200 + 200$

↳ 傾き　↳ 切片

社会的均衡点であるE'点を実現するには，PMCを従量税（ピグー税）200だけ上方に平行シフトさせれば良い。したがって，従量税（ピグー税）を課した後は，切片が200増加する。

（17）消費者余剰

$CS = \triangle aE'P'$

↓ 三角形の面積の計算

$CS = 200 \times (1{,}200 - 800) \div 2$

$CS = 200 \times 400 \div 2$

$CS = 40{,}000$

（18）生産者余剰

$PS = \triangle P''db$

↓ 三角形の面積の計算

$PS = 200 \times (600 - 200) \div 2$

$PS = 200 \times 400 \div 2$

$PS = 40,000$

（19）外部不経済

外部不経済 $= bE'd$

↓　三角形の面積の計算

外部不経済 $=$ （800 − 600）$\times 200 \div 2$

外部不経済 $= 200 \times 200 \div 2$

外部不経済 $= 20,000$

（20）政府余剰

$GS = \square$P'E'dP''

↓　四角形の面積の計算

$GS = 200 \times (800 - 600)$

$GS = 200 \times 200$

$GS = 40,000$

（21）社会的総余剰

$SS = CS + GS + PS -$ 外部不経済

$SS = 40,000 + 40,000 + 40,000 - 20,000$

$SS = 100,000$

X財市場の需要関数，市場全体の変動費用関数，固定費用，外部便益関数が以下のように与えられている。なお，私的均衡（競争均衡）が実現している場合とピグー補助金（従量補助金）を支給して社会的均衡が実現している場合の2つの状況を想定する。そこで，以下の表を完成させなさい。

・需要関数：$X = -3P + 6{,}000$

・私的変動費用関数：$VC = 1.5X^2 + 400X$

・私的固定費用：$FC = 12$

・外部便益関数：$SB = 100X$

	私的均衡	社会的均衡	
私的総費用関数	（1）		
私的限界費用関数	（2）	（16）	
社会的総費用関数	（3）		
社会的限界費用関数	（4）		
逆需要関数	（5）		
均衡取引量	（6）	（12）	
均衡価格	（7）	（13）	
消費者余剰	（8）	（17）	
生産者余剰	（9）	（18）	
外部経済	（10）	（19）	
政府余剰		（20）	
ピグー補助金		（15）	
社会的総余剰	（11）	（21）	
厚生損失	（14）		

P：価格
X：X財の取引量
TR：総収入
MR：限界収入
PTC：私的総費用
STC：社会的総費用
VC：変動費用
FC：固定費用
SB：外部便益
PMC：私的限界費用
S：ピグー補助金
PMC'：補助金支給後
 私的限界費用
SMC：社会的限界費用
CS：消費者余剰
PS：生産者余剰
GS：政府余剰
SS：総余剰
DWL：厚生損失
 （死荷重）

私的均衡

（1）私的総費用関数

$$\begin{cases} VC = 1.5X^2 + 400X \\ FC = 12 \end{cases}$$

↓ 代入

$\boxed{PTC = VC + FC}$ …私的総費用

$PTC = 1.5X^2 + 400X + 12$

（2）私的限界費用関数

$PTC = 1.5X^2 + 400X + 12$

↓ 微分する場合は指数を明示する

$PTC = 1.5X^2 + 400X^1 + 12$

↓ 微分

$PMC = 2 \times 1.5X^{2-1} + 1 \times 400X^{1-1}$

$PMC = 3X^1 + 400X^0$

$PMC = 3X + 400 \times 1$

$PMC = 3X + \boxed{400}$

 ↳傾き ↳切片

（3）社会的総費用関数

◎外部経済発生時の社会的総費用

数式 $STC = PTC - SB$

外部便益は費用を引き下げることになるため，外部便益をマイナスする。

5－3

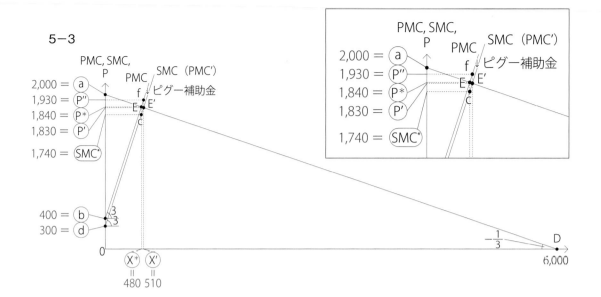

$$\begin{cases} PTC = 1.5X^2 + 400X + 12 \\ SB = 100X \end{cases}$$

↓　代入

$\boxed{STC = PTC - SB}$ …社会的総費用

$STC = 1.5X^2 + 400X + 12 - 100X$

$STC = 1.5X^2 + 300X + 12$

（4）社会的限界費用関数

$STC = 1.5X^2 + 300X + 12$ …社会的総費用関数

↓　微分する場合は指数を明示する

$STC = 1.5X^2 + 300X^1 + 12$

↓　微分

$SMC = 2 \times 1.5X^{2-1} + 1 \times 300X^{1-1}$

$SMC = 3X^1 + 300X^0$

$SMC = 3X + 300 \times 1$

$SMC = \underset{\text{傾き}}{3X} + \underset{\text{切片}}{300}$

（5）逆需要関数

$X = -3P + 6{,}000$ …需要関数

↓　「P＝〜」へ変形

$3P = -X + 6{,}000$

$P = \underset{\text{傾き}}{-\dfrac{1}{3}}X + \underset{\text{切片}}{2{,}000}$ …逆需要関数

（cf）横軸切片の導出

$P = 0$

↓　代入

$\boxed{X = -3P + 6{,}000}$ …需要関数

$X = -3 \times 0 + 6{,}000$

$X = 0 + 6{,}000$

$X = 6{,}000$

（6）均衡取引量

$$\begin{cases} P = -\dfrac{1}{3}X + 2{,}000 \quad \text{…逆需要関数} \\ PMC = 3X + 400 \end{cases}$$

↓　代入

$\boxed{P = PMC}$ …私的均衡条件

$-\dfrac{1}{3}X + 2{,}000 = 3X + 400$

$-\dfrac{1}{3}X - 3X = 400 - 2{,}000$

$-\dfrac{1}{3}X - 3X = -1{,}600$

$-X - 9X = -4,800$

$-10X = -4,800$

$10X = 4,800$

$X = 480$

↓　変形 ── 均衡取引量をX^*とする。

$X^* = 480$

（7）均衡価格

$X = 480$

↓　代入

$\boxed{P = -\dfrac{1}{3}X + 2,000}$ …逆需要関数

$P = -\dfrac{1}{3} \times 480 + 2,000$

$P = -160 + 2,000$

$P = 1,840$

↓　変形 ── 均衡価格をP^*とする。

$P^* = 1,840$

（8）消費者余剰

$CS = \triangle aEP^*$

↓　三角形の面積の計算

$CS = 480 \times (2,000 - 1,840) \div 2$

$CS = 480 \times 160 \div 2$

$CS = 38,400$

（9）生産者余剰

$PS = \triangle P^*Eb$

↓　三角形の面積の計算

$PS = 480 \times (1,840 - 400) \div 2$

$PS = 480 \times 1,440 \div 2$

$PS = 345,600$

（10）外部経済

外部経済 $= \diamondsuit bEcd$

↓　平行四辺形の面積の計算

外部経済 $= 480 \times (400 - 300)$

外部経済 $= 480 \times 100$

外部経済 $= 48,000$

（11）社会的総余剰

$SS = CS + PS + $ 外部経済

$SS = 38,400 + 345,600 + 48,000$

$SS = 432,000$

社会的均衡

（12）均衡取引量

$$\begin{cases} P = -\dfrac{1}{3}X + 2,000 \text{ …逆需要関数} \\ SMC = 3X + 300 \end{cases}$$

↓　代入

$\boxed{P = SMC}$ …社会的均衡条件

$-\dfrac{1}{3}X + 2,000 = 3X + 300$

$-\dfrac{1}{3}X - 3X = 300 - 2,000$

$-X - 9X = 900 - 6,000$

$-10X = -5,100$

$10X = 5,100$

$X = 510$

↓　変形 ── 均衡取引量をX'とする。

$X' = 510$

（13）均衡価格

$X = 510$

↓　代入

$\boxed{P = -\dfrac{1}{3}X + 2,000}$ …私的逆需要関数

$P = -\dfrac{1}{3} \times 510 + 2,000$

$P = -170 + 2,000$

$P = 1,830$

↓　変形 ── 均衡価格をP'とする。

$P' = 1,830$

（14）厚生損失

$DWL = \triangle EE'c$ となる。

 ↓ 三角形の面積の計算

$DWL = (1,840 - 1,740) \times (510 - 480) \div 2$

$DWL = 100 \times 30 \div 2$

$DWL = 1,500$

（cf）SMC* の導出（点 c の導出）

$X = 480$

 ↓ 代入

$\boxed{SMC = 3X + 300}$

$SMC = 3 \times 480 + 300$

$SMC = 1,440 + 300$

$SMC = 1,740$

（15）ピグー補助金

◎ピグー補助金

数式 $S = P'' - P'$

社会的均衡実現時の SMC と PMC の差額

社会的均衡E'実現時のSMCとPMCの差額分だけPMCを下方シフトさせる必要がある。したがって，p''（or 点 f）とP'（or 点E'）の差額分だけピグー補助金を支給すれば良い。

$\begin{cases} P'' = 1,930 \\ P' = 1,830 \end{cases}$

 ↓ あてはめ

$\boxed{S = P'' - P'}$ …ピグー補助金

$= 1,930 - 1,830$

$= 100$

（cf）P'' の導出（点 f の導出）

$X = 510$

 ↓ 代入

$\boxed{PMC = 3X + 400}$

$PMC = 3 \times 510 + 400$

$PMC = 1,530 + 400$

$PMC = 1,930$

 ↓ 変形 ── $X = 510$の時のPMCをP''とする。

$P'' = 1,930$

（16）私的限界費用関数（補助金支給後）

◎補助金支給後 PMC

数式 $PMC' = PMC - S$

$\begin{cases} PMC = 3X + 400 \\ S = 100 \end{cases}$

 ↓ あてはめ

$\boxed{PMC' = PMC - S}$

$= 3X + 400 - 100$

$= 3X + 300$

  ↳傾き ↳切片

社会的均衡点であるE'点を実現するには，PMCを従量補助金（ピグー補助金）100だけ下方に平行シフトさせれば良い。したがって，従量補助金（ピグー補助金）を支給した後は，切片が100低下する。

（17）消費者余剰

$CS = \triangle aE'P'$ となる。

 ↓ 三角形の面積の計算

$CS = 510 \times (2,000 - 1,830) \div 2$

$CS = 510 \times 170 \div 2$

$CS = 43,350$

（18）生産者余剰

$PS = \triangle P''fb$

 ↓ 三角形の面積の計算

$PS = 510 \times (1,930 - 400) \div 2$

$PS = 510 \times 1,530 \div 2$

$PS = 390,150$

（19）外部経済

外部経済 $= \square$bfE'd

   ↓　平行四辺形の面積の計算

外部経済 $= 510 \times (400 - 300)$

外部経済 $= 510 \times 100$

外部経済 $= 51,000$

（20）政府余剰

$GS = - \square$P''fE'P'

   ↓　四角形の面積の計算

$GS = - [510 \times (1,930 - 1,830)]$

$GS = - 510 \times 100$

$GS = - 51,000$

（21）社会的総余剰

$SS = CS + GS + PS + 外部経済$

$SS = 43,350 + (-51,000) + 390,150 + 51,000$

$SS = 433,500$

　外部不経済をもたらす企業Aの利潤関数，損害を被る住民の損失関数が以下のように与えられている。以下，留意点である。

　①生産に関しては企業側に権利が与えられており，企業が利潤最大化する生産量を交渉の出発点とする。

　②企業が生産水準を低下させた場合，住民が企業の減少した利潤を補填しなければならない。

　③取引費用は無視し得るものとする。

　そこで，交渉の前後の状況を想定し，以下の表を完成させなさい。

　・企業Aの利潤関数：$\pi = -X^2 + 40X$

　・住民の損失関数：$D = X^2$

	交渉前	交渉後
限界利潤関数	（1）	
限界損失関数	（2）	
生産量	（3）	（7）
生産者余剰	（4）	（9）
住民余剰	（5）	（10）
社会的総余剰	（6）	（11）
補償額		（8）

X：生産量
π：利潤
D：損失
$M\pi$：限界利潤
MD：限界損失
PS：生産者余剰
CS：住民余剰
SS：総余剰
DWL：厚生損失（死荷重）

交渉前

（1）限界利潤関数

$\pi = -X^2 + 40X$

↓　微分する場合は指数を明示する

$\pi = -X^2 + 40X^1$

↓　微分

$M\pi = -2X^{2-1} + 1 \times 40X^{1-1}$

$M\pi = -2X^1 + 40X^0$

$M\pi = -2X + 40 \times 1$

$M\pi = -2X + 40$

　　　傾き　切片

（cf）横軸切片の導出

$M\pi = 0$

↓　代入

$M\pi = -2X + 40$　…限界利潤関数

$0 = -2X + 40$

$2X = 40$

$X = 20$

（2）限界損失関数

$D = X^2$

↓　微分

$MD = 2X^{2-1}$

$MD = 2X^1$

$MD = 2X$

$MD = 2X$

　　↳傾き

> 縦軸が$M\pi$，横軸がXの場合，横軸切片は$M\pi = 0$の場合のXの値であるから，限界利潤関数の$M\pi$に0を代入し，Xについて解くことで，横軸切片が明らかになる。

5−4

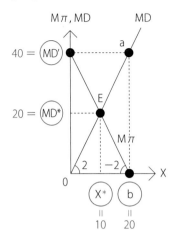

（3）生産量

◎権利者＝企業のケース

利潤最大化条件

数式	生産量を変動させても利潤
$M\pi = 0$	を増やす余地がない水準，つまり，限界利潤＝0となる水準で生産を行う。

導出

$MR = MC$ …利潤最大化条件

$MR - MC = 0$

↓ 変形 ── 「$MR-MC$」は「$M\pi$」で表現できる。

$M\pi = 0$

$M\pi = -2X + 40$

↓ あてはめ

$\boxed{M\pi = 0}$…利潤最大化条件

$-2X + 40 = 0$

$-2X = -40$

$2X = 40$

$X = 20$

（4）生産者余剰

$PS = \triangle MD'b0$

↓ 三角形の面積の計算

$PS = 20 \times 40 \div 2$

$PS = 400$

（cf）MD' の導出

$X = 20$

↓ 代入

$\boxed{MD = 2X}$…限界損失関数

$MD = 2 \times 20$

$MD = 40$

（5）住民余剰

$CS = -\triangle 0ab$

↓ 三角形の面積の計算

$CS = -[20 \times 40 \div 2]$

$CS = -400$

（6）社会的総余剰

$SS = PS + CS$

$SS = 400 + (-400)$

$SS = 0$

交渉後

（7）生産量

Mπ曲線とMD曲線の交点が実現すると，社会的余剰が最大化する。

◎交渉後のパレート最適条件

数式	$M\pi = MD$

$$\begin{cases} M\pi = -2X + 40 \\ MD = 2X \end{cases}$$

↓ あてはめ

$\boxed{-2X + 40 = 2X}$…パレート最適条件

$-2X - 2X = -40$

$-4X = -40$

$4X = 40$

$X = 10$

（cf）MD* の導出

$X = 10$

↓ 代入

$\boxed{MD = 2X}$…限界損失関数

$MD = 2 \times 10$

$MD = 20$

↓ 変形 ── パレート最適条件が実現した場合のMDをMD*とする。

$MD^* = 20$

（8）補償額

$$\triangle EbX^* = （20 - 10）\times 20 \div 2$$
$$= 10 \times 20 \div 2$$
$$= 100$$

パレート最適条件を満たす生産量へと企業が減産すると，$\triangle EbX^*$の企業利潤が減少する。したがって，留意点②より，その減少分を住民が補填することになる。

（9）生産者余剰

$$PS = \square MD'EX^*0 + \triangle EbX^*$$

$$PS = \triangle MD'b0$$

↓ 三角形の面積の計算

$$PS = 20 \times 40 \div 2$$

$$PS = 400$$

生産水準を減らしたことによる利潤の減少を住民からの補償額で補っている。

（10）住民余剰

$$CS = -（\triangle 0EX^* + \triangle EbX^*）$$

$$CS = -\triangle 0Eb$$

↓ 三角形の面積の計算

$$CS = -[20 \times 20 \div 2]$$

$$CS = -200$$

（11）社会的総余剰

$$SS = PS + CS$$

$$SS = 400 + （-200）$$

$$SS = 200$$

交渉の結果，総余剰が増大していることを確認して欲しい。実は，権利関係が明確であり，取引費用がゼロであれば，交渉によって，政府の介入がなくてもパレート最適を実現できるのである。

◎コースの定理

定義

コースの定理：以下が成り立つと，外部性が生じている状況であっても，政府の介入なしで，民間同士の交渉によって，パレート最適が実現するという定理のこと

①権利関係が明確である

②取引費用が（ほぼ）ゼロである

費用逓減産業 ★★

X財の需要関数と独占企業Aの変動費用関数，固定費用が以下のように与えられている。なお，このX財市場では自然独占が成立しており，価格規制なし，限界費用価格規制，平均費用価格規制の3つの状況を想定する。そこで，以下の各問に答えなさい。

- ・需要関数：$X = -P + 800$
- ・変動費用関数：$VC = 200X$
- ・固定費用：$FC = 27{,}500$

	価格規制なし	限界費用価格規制	平均費用価格規制
逆需要関数	(1)		
総収入関数	(2)		
限界収入関数	(3)		
総費用関数	(4)		
限界費用関数	(5)		
平均費用関数	(6)		
均衡取引量	(7)	(16)	(25)
均衡価格	(8)	(17)	(26)
消費者余剰	(9)	(18)	(27)
生産者余剰	(10)	(19)	(28)
社会的総余剰	(11)	(20)	(29)
厚生損失	(12)	(21)	(30)
総収入	(13)	(22)	(31)
総費用	(14)	(23)	(32)
利潤	(15)	(24)	(33)

P：価格		TC：総費用		MC：限界費用		SS：総余剰	
X：X財の取引量		VC：変動費用		π：利潤		DWL：厚生損失（死荷重）	
TR：総収入		FC：固定費用		CS：消費者余剰			
MR：限界収入		AC：平均費用		PS：生産者余剰			

（1）逆需要関数

$X = -P + 800$ …需要関数

↓ 「P=～」へ変形

$P = -X + 800$ …逆需要関数

$P = \underset{\text{傾き}}{\boxed{-1}} \times X + \underset{\text{切片}}{\boxed{800}}$

（cf）横軸切片の導出

$P = 0$

↓ 代入 ────────

$\boxed{X = -P + 800}$ …需要関数

$X = -0 + 800$

$X = 800$

> 縦軸がP，横軸がXの場合，横軸切片はP＝0の場合のXの値であるから，逆需要関数のPに0を代入し，Xについて解くことで，横軸切片が明らかになる。

5−5

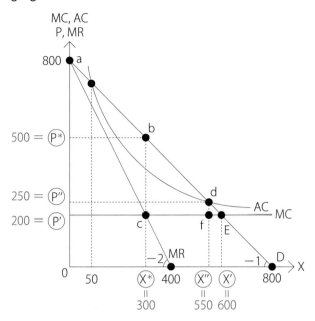

（2）総収入関数

$P = -X + 800$ …逆需要関数

↓　代入

$\boxed{TR = PX}$ …総収入

$TR = （-X + 800）X$

$TR = -X^2 + 800X$ …総収入関数

（3）限界収入関数

$TR = -X^2 + 800X$

↓　微分する場合は指数を明示する

$TR = -X^2 + 800X^1$

↓　X で微分

$MR = -2X^{2-1} + 1 \times 800X^{1-1}$

$MR = -2X^1 + 800X^0$

$MR = -2X + 800 \times 1$

$MR = \underset{\underset{\text{傾き}}{\downarrow}}{\boxed{-2X}} + \underset{\underset{\text{切片}}{\downarrow}}{\boxed{800}}$

（cf）横軸切片の導出

$MR = 0$

↓　代入

$\boxed{MR = -2X + 800}$ …限界収入関数

$0 = -2X + 800$

$2X = 800$

$X = 400$

（4）総費用関数

$\begin{cases} VC = 200X \\ FC = 27,500 \end{cases}$

↓　代入

$\boxed{TC = VC + FC}$ …総費用

$TC = 200X + 27,500$

（5）限界費用関数

$TC = 200X + 27,500$

↓　微分する場合は指数を明示する

$TC = 200X^1 + 27,500$

↓　X で微分

$MC = 1 \times 200X^{1-1}$

$MC = 200X^0$

$MC = 200 \times 1$

$MC = 200$

（6）平均費用関数

$$TC = 200X + 27{,}500$$

$\downarrow$　あてはめ

$$\boxed{AC = \dfrac{TC}{X}}\cdots 平均費用$$

$$AC = \dfrac{200X + 27{,}500}{X}$$

$$AC = \dfrac{27{,}500}{X} + 200$$

$$AC = \dfrac{27{,}500}{X} + 200$$

価格規制なし

（7）均衡取引量

$$\begin{cases} MR = -2X + 800 \\ MC = 200 \end{cases}$$

$\downarrow$　あてはめ

$$\boxed{MR = MC}\cdots 利潤最大化条件$$

$$-2X + 800 = 200$$

$$-2X = 200 - 800$$

$$-2X = -600$$

$$2X = 600$$

$$X = 300$$

$\downarrow$　変形 —— 均衡取引量を X^* とする。

$$X^* = 300$$

（8）均衡価格

$$X = 300$$

$\downarrow$　代入

$$\boxed{P = -X + 800}\cdots 逆需要関数$$

$$P = -300 + 800$$

$$P = 500$$

$\downarrow$　変形 —— 均衡価格を P^* とする。

$$P^* = 500$$

（9）消費者余剰

$$CS = \triangle abP^*$$

$\downarrow$　三角形の面積の計算

$$CS = 300 \times (800 - 500) \div 2$$

$$CS = 300 \times 300 \div 2$$

$$CS = 45{,}000$$

（10）生産者余剰

$$PS = \square P^* bcP'$$

$\downarrow$　四角形の面積の計算

$$PS = 300 \times (500 - 200)$$

$$PS = 300 \times 300$$

$$PS = 90{,}000$$

（11）社会的総余剰

$$SS = CS + PS$$

$$SS = 45{,}000 + 90{,}000$$

$$SS = 135{,}000$$

X′=600は，限界費用価格規制における均衡取引量である。

（12）厚生損失

$$DWL = \triangle bEc$$

$\downarrow$　三角形の面積の計算

$$DWL = (600 - 300) \times (500 - 200) \div 2$$

$$DWL = 300 \times 300 \div 2$$

$$DWL = 45{,}000$$

（13）総収入

$$\begin{cases} P = 500 \\ X = 300 \end{cases}$$

$\downarrow$　代入

$$\boxed{TR = PX}\cdots 総収入$$

$$TR = 500 \times 300$$

$$TR = 150{,}000$$

（14）総費用

$$X = 300$$

$\downarrow$　代入

$$\boxed{TC = 200X + 27{,}500}\cdots 総費用関数$$

$$TC = 200 \times 300 + 27{,}500$$

$$TC = 60{,}000 + 27{,}500$$

$$TC = 87,500$$

(15) 利潤

$$\begin{cases} TR = 150,000 \\ TC = 87,500 \end{cases}$$

↓ 代入

$\boxed{\pi = TR - TC}$ …利潤

$$\pi = 150,000 - 87,500$$

$$\pi = 62,500$$

限界費用価格規制

(16) 均衡取引量

◎限界費用価格規制

数式 $P = MC$

$$\begin{cases} P = -X + 800 \\ MC = 200 \end{cases}$$

↓ あてはめ

$\boxed{P = MC}$ …限界費用価格規制

$$-X + 800 = 200$$

$$-X = 200 - 800$$

$$-X = -600$$

$$X = 600$$

↓ 変形 —— 限界費用価格規制後の均衡取引量を X' とする。

$$X' = 600$$

(17) 均衡価格

$$X = 600$$

↓ 代入

$\boxed{P = -X + 800}$ …逆需要関数

$$P = -600 + 800$$

$$P = 200$$

↓ 変形 —— 限界費用価格規制後の均衡価格を P' とする。

$$P' = 200$$

(18) 消費者余剰

$$CS = \triangle aEP'$$

↓ 三角形の面積の計算

$$CS = 600 \times (800 - 200) \div 2$$

$$CS = 600 \times 600 \div 2$$

$$CS = 180,000$$

(19) 生産者余剰

$$PS = 0$$

(20) 社会的総余剰

$$SS = CS + PS$$

$$SS = 180,000 + 0$$

$$SS = 180,000$$

(21) 厚生損失

$$DWL = 0$$ —— 厚生損失が 0 であるから，資源配分の観点では限界費用価格規制が望ましい。

(22) 総収入

$$\begin{cases} P = 200 \\ X = 600 \end{cases}$$

↓ 代入

$\boxed{TR = PX}$ …総収入

$$TR = 200 \times 600$$

$$TR = 120,000$$

(23) 総費用

$$X = 600$$

↓ 代入

$\boxed{TC = 200X + 27,500}$ …総費用関数

$$TC = 200 \times 600 + 27,500$$

$$TC = 120,000 + 27,500$$

$$TC = 147,500$$

(24) 利潤

$$\begin{cases} TR = 120,000 \\ TC = 147,500 \end{cases}$$

↓ 代入

$\boxed{\pi = TR - TC}$ …利潤

$\pi = 120{,}000 - 147{,}500$

$\pi = -27{,}500$ ── 規制によって利潤が負となるので，政府による補助金などが必要となる。

平均費用価格規制

(25) 均衡取引量

◎平均費用価格規制

$\boxed{数式}$ $P = AC$

$$\begin{cases} P = -X + 800 \\ AC = \dfrac{27{,}500}{X} + 200 \end{cases}$$

↓ あてはめ

$\boxed{P = AC}$ …平均費用価格規制

$-X + 800 = \dfrac{27{,}500}{X} + 200$

$-X + 800 - 200 - \dfrac{27{,}500}{X} = 0$

$-X + 600 - \dfrac{27{,}500}{X} = 0$

$X - 600 + \dfrac{27{,}500}{X} = 0$

$X^2 - 600X + 27{,}500 = 0$

$(X - 50)(X - 550) = 0$

$X = 50 \ or \ 550$

↓ 変形 ── d点に対応する取引量が該当する。

$X = 550$

↓ 変形 ── 平均費用価格規制後の均衡取引量をX''とする。

$X'' = 550$

(26) 均衡価格

$X = 550$

↓ 代入

$\boxed{P = -X + 800}$ …逆需要関数

$P = -550 + 800$

$P = 250$

↓ 変形 ── 平均費用価格規制後の均衡価格をP''とする。

$P'' = 250$

(27) 消費者余剰

$CS = \triangle adP''$

↓ 三角形の面積の計算

$CS = 550 \times (800 - 250) \div 2$

$CS = 550 \times 550 \div 2$

$CS = 151{,}250$

(28) 生産者余剰

$PS = \square P''dfP'$

↓ 四角形の面積の計算

$PS = 550 \times (250 - 200)$

$PS = 550 \times 50$

$PS = 27{,}500$

(29) 社会的総余剰

$SS = CS + PS$

$SS = 151{,}250 + 27{,}500$

$SS = 178{,}750$

(30) 厚生損失

$DWL = \triangle def$

$DWL = (600 - 550) \times (250 - 200) \times \dfrac{1}{2}$

$DWL = 50 \times 50 \times \dfrac{1}{2}$

$DWL = 1{,}250$

(31) 総収入

$$\begin{cases} P = 250 \\ X = 550 \end{cases}$$

↓ 代入

$\boxed{TR = PX}$ …総収入

$TR = 250 \times 550$

$TR = 137{,}500$

（32）総費用

$X = 550$

$\quad\downarrow\quad$ 代入

$TC = 200X + 27{,}500$ …総費用関数

$TC = 200 \times 550 + 27{,}500$

$TC = 110{,}000 + 27{,}500$

$TC = 137{,}500$

（33）利潤

$$\begin{cases} TR = 137{,}500 \\ TC = 137{,}500 \end{cases}$$

$\quad\downarrow\quad$ 代入

$\pi = TR - TC$ …利潤

$\pi = 137{,}500 - 137{,}500$

$\pi = 0$

規制によって利潤が負とならないので，政府による補助金などは不要である。

問題5-6　不確実性 ★★★

　家計A，家計B，家計Cの効用関数が以下のように与えられている。彼らは，75%（3/4）の確率で状態1（10,000の所得），25%（1/4）の確率で状態2（40,000の所得）が発生するという状況に直面している。なお，$\sqrt{7} \fallingdotseq 2.6$，$\sqrt{19} \fallingdotseq 4.4$であるとする。そこで，以下の表を完成させなさい。

・家計Aの効用関数：$U = \sqrt{M}$

・家計Bの効用関数：$U = \dfrac{M}{10}$

・家計Cの効用関数：$U = \dfrac{M^2}{10,000}$

	家計A	家計B	家計C
期待所得	（1）		
M=EMの時の効用	（2）	（9）	（16）
M=10,000の時の効用	（3）	（10）	（17）
M=40,000の時の効用	（4）	（11）	（18）
期待効用	（5）	（12）	（19）
リスクに対するタイプ	（6）	（13）	（20）
確実性等価	（7）	（14）	（21）
リスクプレミアム	（8）	（15）	（22）

（注）（6），（13），（20）は，リスク回避型，リスク中立型，リスク愛好型のいずれかを記入すること。

P_1：状態1が起こる確率	M_1：状態1の時の所得	U：効用
P_2：状態2が起こる確率	M_2：状態2の時の所得	EU：期待効用
M：所得	EM：期待所得	RP：リスクプレミアム

家計A

（1）期待所得

	状態1	状態2
確率	P_1	P_2
所得	M_1	M_2

◎期待所得

定義

期待所得：確率を考慮した平均所得のこと

状況

「P_1の確率で所得がM_1，P_2の確率で所得がM_2となる。」

数式

$EM = P_1 M_1 + P_2 M_2$

5-6-1

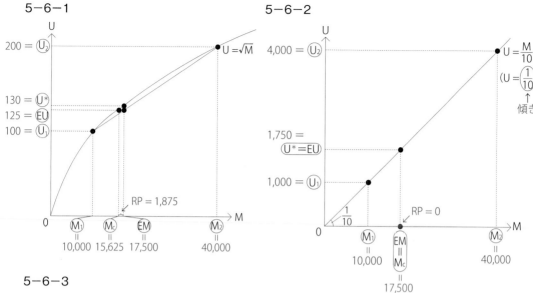

5-6-2

5-6-3

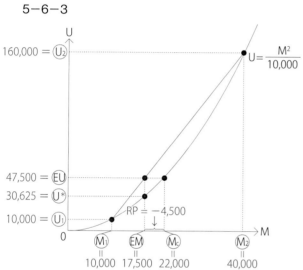

$$\begin{cases} P_1 = \dfrac{3}{4} \\[2mm] P_2 = \dfrac{1}{4} \\[2mm] M_1 = 10,000 \\[1mm] M_2 = 40,000 \end{cases}$$

↓　あてはめ

$\boxed{EM = P_1 M_1 + P_2 M_2}$ …期待所得

$$EM = \frac{3}{4} \times 10,000 + \frac{1}{4} \times 40,000$$

$$EM = 7,500 + 10,000$$

$$EM = 17,500$$

（2）M = 期待所得の時の効用

$$M = EM = 17,500$$

↓　代入

$\boxed{U = \sqrt{M}}$ …効用関数

$$U = \sqrt{17,500}$$

$$U = \sqrt{5^2 \times 10^2 \times 7}$$

$$U = 5 \times 10\sqrt{7}$$

$$U = 50\sqrt{7}$$

$$U = 50 \times 2.6$$

$$U = 130$$

↓　変形 ── 期待所得実現
時の効用をU^*
とする。

$$U^* = 130$$

（3）M＝10,000 の時の効用

$M = 10,000$

↓ 代入

$\boxed{U = \sqrt{M}}$ …効用関数

$U = \sqrt{10,000}$

$U = \sqrt{100^2}$

$U = 100$

↓ 変形 ──── 状態1の時の効用をU_1とする。

$U_1 = 100$

（4）M＝40,000 の時の効用

$M = 40,000$

↓ 代入

$\boxed{U = \sqrt{M}}$ …効用関数

$U = \sqrt{40,000}$

$U = \sqrt{200^2}$

$U = 200$

↓ 変形 ──── 状態2の時の効用をU^2とする。

$U_2 = 200$

（5）期待効用

◎期待効用

定義

期待効用：確率を考慮した平均効用のこと

状況

「P_1 の確率で効用がU_1，P_2 の確率で効用がU_2 となる。」

	状態1	状態2
確率	P_1	P_2
効用	U_1	U_2

数式

$EU = P_1 U_1 + P_2 U_2$

$\begin{cases} P_1 = \dfrac{3}{4} \\ P_2 = \dfrac{1}{4} \\ U_1 = 100 \\ U_2 = 200 \end{cases}$

↓ あてはめ

$\boxed{EU = P_1 U_1 + P_2 U_2}$ …期待効用

$EU = \dfrac{3}{4} \times 100 + \dfrac{1}{4} \times 200$

$EU = 75 + 50$

$EU = 125$

（6）リスクに対するタイプ

◎リスクに対するタイプ

$U^* > EU$ …リスク回避型

$U^* = EU$ …リスク中立型

$U^* < EU$ …リスク愛好型

期待所得が同額であることを前提としている。その上で，リスクのある場合の効用（EU）とリスクのない場合の効用（U*）を比較している。

$\begin{cases} U^* = ⟨130⟩ \\ \quad \lor \\ EU = ⟨125⟩ \end{cases}$

↓

$U^* > EU$

↓

リスク回避型

（7）確実性等価

◎確実性等価

定義

確実性等価：期待効用と同等の効用をもたらす確実に得られる見込みのある所得のこと

→ 効用関数に期待効用の値を代入することで求まる。

$U = EU = 125$

$\downarrow$ 代入

$\boxed{U = \sqrt{M}}$ ・・・効用関数

$125 = \sqrt{M}$

$125^2 = (\sqrt{M})^2$

$125^2 = \sqrt{M} \times \sqrt{M}$

$125^2 = \sqrt{M \times M}$

$125^2 = \sqrt{M^2}$

$15,625 = M$

$M = 15,625$

$\downarrow$ 変形 ── 確実性等価を M_C とする。

$M_C = 15,625$

（8）リスクプレミアム

◎リスクプレミアム

定義

リスクプレミアム：リスクを避けるために許容できる支払額のこと

数式 $RP = EM - M_C$

$\begin{cases} EM = 17,500 \\ M_C = 15,625 \end{cases}$

$\downarrow$ あてはめ

$\boxed{RP = EM - M_C}$ ・・・リスクプレミアム

$RP = 17,500 - 15,625$

$RP = 1,875$

家計B

（9）M＝期待所得の時の効用

$M = EM = 17,500$

$\downarrow$ 代入

$\boxed{U = \dfrac{M}{10}}$ ・・・効用関数

$U = \dfrac{17,500}{10}$

$U = 1,750$

$\downarrow$ 変形 ── 期待所得実現時の効用を U^* とする。

$U^* = 1,750$

（10）M＝10,000の時の効用

$M = 10,000$

$\downarrow$ 代入

$\boxed{U = \dfrac{M}{10}}$ ・・・効用関数

$U = \dfrac{10,000}{10}$

$U = 1,000$

$\downarrow$ 変形 ── 状態1の時の効用を U_1 とする。

$U_1 = 1,000$

（11）M＝40,000の時の効用

$M = 40,000$

$\downarrow$ 代入

$\boxed{U = \dfrac{M}{10}}$ ・・・効用関数

$U = \dfrac{40,000}{10}$

$U = 4,000$

$\downarrow$ 変形 ── 状態2の時の効用を U_2 とする。

$U_2 = 4,000$

（12）期待効用

$\begin{cases} P_1 = \dfrac{3}{4} \\ P_2 = \dfrac{1}{4} \\ U_1 = 1,000 \\ U_2 = 4,000 \end{cases}$

$\downarrow$ あてはめ

$\boxed{EU = P_1 U_1 + P_2 U_2}$ ・・・期待効用

$EU = \dfrac{3}{4} \times 1,000 + \dfrac{1}{4} \times 4,000$

$EU = 750 + 1,000$

$EU = 1,750$

（13）リスクに対するタイプ

$$\begin{cases} U^* = \boxed{1,750} \\ \quad \| \\ EU = \boxed{1,750} \end{cases}$$

$\downarrow$

$U^* = EU$

$\downarrow$

リスク中立型

（14）確実性等価

$U = EU = 1,750$

$\downarrow$ 代入

$\boxed{U = \dfrac{M}{10}} \cdots$効用関数

$1,750 = \dfrac{M}{10}$

$17,500 = M$

$M = 17,500$

$\downarrow$ 変形 ── 確実性等価を M_C とする。

$M_C = 17,500$

（15）リスクプレミアム

$$\begin{cases} EM = 17,500 \cdots \text{期待所得} \\ M_C = 17,500 \cdots \text{確実性等価} \end{cases}$$

$\downarrow$ あてはめ

$\boxed{RP = EM - M_C} \cdots$リスクプレミアム

$RP = 17,500 - 17,500$

$RP = 0$

家計 C

（16）M= 期待所得の時の効用

$M = EM = 17,500$

$\downarrow$ 代入

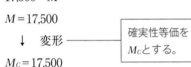
$\boxed{U = \dfrac{M^2}{10,000}} \cdots$効用関数

$U = \dfrac{17,500^2}{10,000}$

$U = \dfrac{306,250,000}{10,000}$

$U = 30,625$

$\downarrow$ 変形 ── 期待所得実現時の効用を U^* とする。

$U^* = 30,625$

（17）M=10,000 の時の効用

$M = 10,000$

$\downarrow$ 代入

$\boxed{U = \dfrac{M^2}{10,000}} \cdots$効用関数

$U = \dfrac{10,000^2}{10,000}$

$U = \dfrac{10,000 \times 10,000}{10,000}$

$U = 10,000$

$\downarrow$ 変形 ── 状態1の時の効用を U_1 とする。

$U_1 = 10,000$

（18）M=40,000 の時の効用

$M = 40,000$

$\downarrow$ 代入

$\boxed{U = \dfrac{M^2}{10,000}} \cdots$効用関数

$U = \dfrac{40,000^2}{10,000}$

$U = \dfrac{(40,000)^2}{10,000}$

$U = \dfrac{(4 \times 10,000)^2}{10,000}$

$U = \dfrac{(4^2 \times 10,000^2)}{10,000}$

$U = 16 \times 10,000$

$U = 160,000$

$\downarrow$ 変形 ── 状態2の時の効用を U_2 とする。

$U_2 = 160,000$

（19）期待効用

$$\begin{cases} P_1 = \dfrac{3}{4} \\[2mm] P_2 = \dfrac{1}{4} \\[2mm] U_1 = 10,000 \\[1mm] U_2 = 160,000 \end{cases}$$

↓　あてはめ

$\boxed{EU = P_1 U_1 + P_2 U_2}\cdots$期待効用

$$EU = \frac{3}{4} \times 10,000 + \frac{1}{4} \times 160,000$$

$$EU = 7,500 + 40,000$$

$$EU = 47,500$$

（20）リスクに対するタイプ

$$\begin{cases} U^* = \boxed{30,625} \\ \qquad \wedge \\ EU = \boxed{47,500} \end{cases}$$

↓

$$U^* < EU$$

↓

リスク愛好型

（21）確実性等価

$$U = EU = 47,500$$

↓　代入

$\boxed{U = \dfrac{M^2}{10,000}}\cdots$効用関数

$$47,500 = \frac{M^2}{10,000}$$

$$47,500 \times 10,000 = M^2$$

$$M^2 = 47,500 \times 10,000$$

$$M = \pm \sqrt{47,500 \times 10,000}$$

$$M = \pm \sqrt{(19 \times 50^2) \times 100^2}$$

$$M = \pm \sqrt{50^2 \times 100^2 \times 19}$$

$$M = \pm 50 \times 100 \sqrt{19}$$

↓　「$M \geqq 0$」となる

$$M = 50 \times 100 \sqrt{19}$$

$$M = 5,000 \sqrt{19}$$

$$M = 5,000 \times 4.4$$

$$M = 22,000$$

↓　変形 ── 確実性等価を M_C とする。

$$M_C = 22,000$$

（22）リスクプレミアム

$$\begin{cases} EM = 17,500 \\ M_C = 22,000 \end{cases}$$

↓　あてはめ

$\boxed{RP = EM - M_C}\cdots$リスクプレミアム

$$RP = 17,500 - 22,000$$

$$RP = -4,500$$

X財市場における仮定と状況を示す価格表が与えられている。

仮定

①品質の異なる2種類の財が存在している。

②情報の非対称性が存在する。

（供給者は品質に関する情報を保有するが，需要者は品質に関する情報を保有しない。）

③需要者は，市場にピーチ（良質品）とレモン（粗悪品）が1対1の割合で存在することは知っている。

④需要者はリスク中立的であるとする。

⑤需要者も供給者も100人いるとする。なお，供給者は1人1個保有しているとする。

【価格表】

	供給価格（供給者の希望価格）	需要価格（需要者の希望価格，便益）
ピーチ（良質品）	200	200
レモン（粗悪品）	50	60

以上の状況を踏まえて，以下の表を完成させなさい。

価格	供給サイド		
	レモンの供給量	ピーチの供給量	供給量
P＜50	（1）	（2）	（3）
50≦P＜200	（4）	（5）	（6）
P≧200	（7）	（8）	（9）

価格	需要サイド			
	レモンを購入する確率	ピーチを購入する確率	期待便益	需要量
P≦60	（10）	（11）	（12）	（13）
60＜P＜200	（14）	（15）	（16）	（17）
P≧200	（18）	（19）	（20）	（21）

	市場均衡
均衡価格	（22）
均衡取引量	（23）

（注）需要者は，P＜200の場合，レモンのみが供給され，P≧200の場合，レモンとピーチの双方が供給されると予想しているとする。

P：価格	P_{D2}：ピーチの需要価格（需要者の希望価格） X：取引量
P_{S1}：レモンの供給価格（供給者の希望価格）	q_1：レモンを購入する確率
P_{S2}：ピーチの供給価格（供給者の希望価格）	q_2：ピーチを購入する確率
P_{D1}：レモンの需要価格（需要者の希望価格）	EB：期待便益

5-7

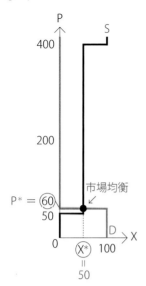

供給サイド

P<50 のケース

（1）レモンの供給量

$$\begin{cases} P < 50 \\ P_{S1} = 50 \cdots \text{レモンの供給価格} \end{cases}$$

↓

$P < P_{S1}$

↓

レモンの供給量 = 0

> 価格がレモンの供給価格（希望価格）未満であるから，レモンの供給者は全員供給しない。

（2）ピーチの供給量

$$\begin{cases} P < 50 \\ P_{S2} = 200 \cdots \text{ピーチの供給価格} \end{cases}$$

↓

$P < P_{S2}$

↓

ピーチの供給量 = 0

> 価格がピーチの供給価格（希望価格）未満であるから，ピーチの供給者は全員供給しない。

（3）供給量

$P < 50$

↓ （1），（2）より

$$\begin{cases} \text{レモンの供給量} = 0 \\ \text{ピーチの供給量} = 0 \end{cases}$$

↓

供給量 = 0

50 ≦ P<200 のケース

（4）レモンの供給量

$$\begin{cases} 50 \le P < 200 \\ P_{S1} = 50 \cdots \text{レモンの供給価格} \end{cases}$$

↓

$P_{S1} \le P$

↓

レモンの供給量 = 50

> 価格がレモンの供給価格（希望価格）以上であるから，レモンの供給者は全員供給する。

（5）ピーチの供給量

$$\begin{cases} 50 \le P < 200 \\ P_{S2} = 200 \cdots \text{ピーチの供給価格} \end{cases}$$

↓

$P < P_{S2}$

↓

ピーチの供給量 = 0

> 価格がピーチの供給価格（希望価格）未満であるから，ピーチの供給者は全員供給しない。

（6）供給量

$50 \le P < 200$

↓ （4），（5）より

$$\begin{cases} \text{レモンの供給量} = 50 \\ \text{ピーチの供給量} = 0 \end{cases}$$

↓

供給量＝50

P ≧ 200 のケース

（7）レモンの供給量

$$\begin{cases} P \geqq 200 \\ P_{S1} = 50 \cdots \text{レモンの供給価格} \end{cases}$$

↓

$$P_{S1} \leqq P$$

↓

レモンの供給量＝50

> 価格がレモンの供給価格（希望価格）以上であるから，レモンの供給者は全員供給する。

（8）ピーチの供給量

$$\begin{cases} P \geqq 200 \\ P_{S2} = 200 \cdots \text{ピーチの供給価格} \end{cases}$$

↓

$$P_{S2} \leqq P$$

↓

ピーチの供給量＝50

> 価格がピーチの供給価格（希望価格）以上であるから，ピーチの供給者は全員供給する。

(9) 供給量

$$P \geqq 200$$

↓ （7），（8）より

$$\begin{cases} \text{レモンの供給量} = 50 \\ \text{ピーチの供給量} = 50 \end{cases}$$

↓

供給量＝50＋50

供給量＝100

需要サイド

P ≦ 60 のケース

（10）レモンを購入する確率

$$P \leqq 60$$

↓ （注）より

市場の供給量＝レモンの供給量

↓

レモンを購入する確率＝1（100％）

（11）ピーチを購入する確率

$$P \leqq 60$$

↓ （注）より

ピーチの供給量＝0

↓

ピーチを購入する確率＝0（0％）

（12）期待便益

◎期待便益

定義

期待便益：確率を考慮した平均便益のこと

状況

「q_1 の確率で便益（需要価格）が P_{D1}，q_2 の確率で便益（需要価格）が P_{D2} となる。」

	レモン購入	ピーチ購入
確率	q_1	q_2
便益	P_{D1}	P_{D2}

数式

$$EB = q_1 P_{D1} + q_2 P_{D2}$$

$$\begin{cases} q_1 = 1 \\ q_2 = 0 \\ P_{D1} = 60 \\ P_{D2} = 200 \end{cases}$$

↓ あてはめ

$$EB = q_1 P_{D1} + q_2 P_{D2} \cdots \text{期待便益}$$

$EB = 1 \times 60 + 0 \times 200$

$EB = 60 + 0$

$EB = 60$

（13）需要量

$$\begin{cases} P \leq 60 \cdots 価格 \\ EB = 60 \cdots 期待便益 \end{cases}$$

$\downarrow$

$P \leq EB$

$\downarrow$

需要量 = 100

> 価格が期待便益以下であるから，需要者は全員需要する。

60<P<200 のケース

（14）レモンを購入する確率

$60 < P < 200$

$\downarrow$ （注）より

市場の供給量＝レモンの供給量

$\downarrow$

レモンを購入する確率 = 1（100%）

（15）ピーチを購入する確率

$60 < P < 200$

$\downarrow$ （注）より

ピーチの供給量 = 0

$\downarrow$

ピーチを購入する確率 = 0（0%）

（16）期待便益

$$\begin{cases} q_1 = 1 \\ q_2 = 0 \\ P_{D1} = 60 \\ P_{D2} = 200 \end{cases}$$

$\downarrow$ あてはめ

$EB = q_1 P_{D1} + q_2 P_{D2}$ …期待便益

$EB = 1 \times 60 + 0 \times 200$

$EB = 60 + 0$

$EB = 60$

（17）需要量

$$\begin{cases} 60 < P < 200 \cdots 価格 \\ EB = 60 \cdots 期待便益 \end{cases}$$

$\downarrow$

$EB < P$

$\downarrow$

需要量 = 0

> 価格が期待便益を上回るから，需要者は全員需要しない。

P ≧ 200 のケース

（18）レモンを購入する確率

$P \geq 200$

$\downarrow$ （注）より

市場の供給量＝レモンの供給量＋ピーチの供給量

$\downarrow$

レモンを購入する確率 = 0.5（50%）

> 1対1の割合でレモンとピーチが市場に供給されるから，レモンを購入する確率は50%となる。

（19）ピーチを購入する確率

$P \geq 200$

$\downarrow$ （注）より

市場の供給量＝レモンの供給量＋ピーチの供給量

$\downarrow$

ピーチを購入する確率 = 0.5（50%）

> 1対1の割合でレモンとピーチが市場に供給されるから，ピーチを購入する確率は50%となる。

（20）期待便益

$$\begin{cases} q_1 = 0.5 \\ q_2 = 0.5 \\ P_{D1} = 60 \\ P_{D2} = 200 \end{cases}$$

↓　あてはめ

$\boxed{EB = q_1 P_{D1} + q_2 P_{D2}}$ …期待便益

$EB = 0.5 \times 60 + 0.5 \times 200$

$EB = 30 + 100$

$EB = 130$

（21）需要量

$$\begin{cases} P \geqq 200 \cdots 価格 \\ EB = 130 \cdots 期待便益 \end{cases}$$

↓

$EB < P$

↓

需要量 $= 0$

価格が期待便益を上回るから，
需要者は全員需要しない。

市場均衡

（22）均衡価格

$P = 60$ ——

供給曲線と需要曲線
の交点で均衡価格が
決定される。

（23）均衡取引量

$X = 50$ ——

供給曲線と需要曲線
の交点で均衡取引量
が決定される。

第 6 章

国際貿易

ある小国における X 財の需要関数と供給関数，国際価格が以下のように与えられている。なお，閉鎖経済と開放経済（自由貿易）の 2 つの状況を想定している。そこで，以下の表を完成させなさい。

・需要関数：$X = -4P + 4,000$

・供給関数：$X = \dfrac{1}{2}P - 50$

・国際価格：$P_w = 800$

	閉鎖経済	開放経済（自由貿易）
逆需要関数	（1）	
逆供給関数	（2）	
均衡取引量	（3）	
国内価格	（4）	（8）
国内供給量		（9）
国内需要量		（10）
輸入量		（11）
消費者余剰	（5）	（12）
生産者余剰	（6）	（13）
社会的総余剰	（7）	（14）
貿易の利益		（15）

P：価格	P_w：国際価格 　 CS：消費者余剰 　 SS：社会的総余剰
X：X財の取引量	IM：輸入量 　 PS：生産者余剰 　 G：貿易の利益

閉鎖経済

（1）逆需要関数

$X = -4P + 4,000$ …需要関数

↓ 「P＝～」へ変形

$4P = -X + 4,000$

$P = \left(-\dfrac{1}{4}\right)X + (1,000)$ …逆需要関数

↘傾き　↘切片

> 需要関数を「P＝～」の形に変形することで逆需要関数が求まる。

（cf）横軸切片の導出

$P = 0$

↓ 代入

$\boxed{X = -4P + 4,000}$ …需要関数

$X = -4 \times 0 + 4,000$

$X = -0 + 4,000$

$X = 4,000$

> 縦軸がP，横軸がXの場合，横軸切片はP＝0の場合のXの値であるから，需要関数のPに0を代入し，Xについて解くことで，横軸切片が明らかになる。

6−1

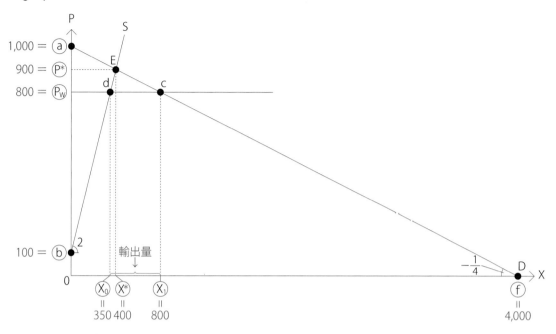

（2）逆供給関数

$$X = \frac{1}{2}P - 50 \cdots 供給関数$$

↓　「P＝～」へ変形 ────

$$-\frac{1}{2}P = -X - 50$$

$$\frac{1}{2}P = X + 50$$

$$P = 2X + 100 \cdots 逆供給関数$$

　　↳傾き↳切片

> 供給関数を「P＝～」の形に変形することで逆供給関数が求まる。

（3）均衡取引量

$$\begin{cases} P = -\frac{1}{4}X + 1{,}000 \cdots 逆需要関数 \\ P = 2X + 100 \cdots 逆供給関数 \end{cases}$$

↓　連立方程式を解く ────

> 均衡価格と均衡取引量は，需要関数（or 逆需要関数）と供給関数（or 逆供給関数）の双方を満たす必要がある。したがって，需要関数（or 逆需要関数）と供給関数（or 逆供給関数）からなる連立方程式を解けば均衡価格と均衡取引量が明らかになる。

$$-\frac{1}{4}X + 1{,}000 = 2X + 100$$

$$-\frac{1}{4}X - 2X = 100 - 1{,}000$$

$$-\frac{1}{4}X - 2X = -900$$

$$\frac{1}{4}X + 2X = 900$$

$$X + 8X = 3{,}600$$

$$9X = 3{,}600$$

$$X = 400$$

↓　変形 ────

$$X^* = 400$$

> 閉鎖経済時の均衡取引量をX^*とする。

（4）国内価格

$$X = 400$$

↓　代入

$$P = 2X + 100 \cdots 逆供給関数$$

$$P = 2 \times 400 + 100$$

$$P = 800 + 100$$

$$P = 900$$

┌─────────────────┐
│ 閉鎖経済時の │
│ 国内価格をP^* │
│ とする。 │
└─────────────────┘

$P^* = 900$

（5）消費者余剰

$CS = \triangle aEP^*$

↓　三角形の面積の計算

$CS = 400 \times (1{,}000 - 900) \div 2$

$CS = 400 \times 100 \div 2$

$CS = 20{,}000$

（6）生産者余剰

$PS = \triangle P^*Eb$

↓　三角形の面積の計算

$PS = 400 \times (900 - 100) \div 2$

$PS = 400 \times 800 \div 2$

$PS = 160{,}000$

（7）社会的総余剰

$SS = CS + PS$

$SS = 20{,}000 + 160{,}000$

$SS = 180{,}000$

開放経済（自由貿易）

（8）国内価格

$P_W = 800$

┌─────────────────┐
│ 自由貿易をすると，国内 │
│ では，国際価格で財が取 │
│ 引されることになる。 │
└─────────────────┘

↓

$P = P_W = 800$ …自由貿易時の国内価格

（9）国内供給量

$P = P_W = 800$

↓　代入

$X = \dfrac{1}{2}P - 50$ …供給関数

$X = \dfrac{1}{2} \times 800 - 50$

$X = 400 - 50$

$X = 350$

↓　変形 ────

┌─────────────────┐
│ P=800の場合の │
│ 国内供給量を │
│ X_0とする。 │
└─────────────────┘

$X_0 = 350$

（10）国内需要量

$P = P_W = 800$

↓　代入

$X = -4P + 4{,}000$ …需要関数

$X = -4 \times 800 + 4{,}000$

$X = -3{,}200 + 4{,}000$

$X = 800$

↓　変形 ────

┌─────────────────┐
│ P=800の場合の │
│ 国内需要量を │
│ X_1とする。 │
└─────────────────┘

$X_1 = 800$

（11）輸入量

┌──────────────────────────────┐
│ ◎輸入量 │
│ 数式 │
│ 輸入量（IM）= │
│ 　国内需要量（X_1）－ 国内供給量（X_0）│
└──────────────────────────────┘

$\begin{cases} X_0 = 350 \cdots 国内供給量 \\ X_1 = 800 \cdots 国内需要量 \end{cases}$

↓　代入

$IM = X_1 - X_0$ …輸入量

$IM = 800 - 350$

$IM = 450$

（12）消費者余剰

$CS = \triangle acP_W$

↓　三角形の面積の計算

$CS = 800 \times (1{,}000 - 800) \div 2$

$CS = 800 \times 200 \div 2$

$CS = 80{,}000$

（13）生産者余剰

$PS = \triangle P_W db$

↓　三角形の面積の計算

$PS = 350 \times (800 - 100) \div 2$

$PS = 350 \times 700 \div 2$

$PS = 122{,}500$

（14）社会的総余剰

$SS = CS + PS$

$SS = 80{,}000 + 122{,}500$

$SS = 202{,}500$

（15）貿易の利益

$G = \triangle Ecd$

$\quad \downarrow \quad$ 三角形の面積の計算

$G = (800 - 350) \times (900 - 800) \div 2$

$G = 450 \times 100 \div 2$

$G = 22{,}500$

部分均衡② ★

ある小国におけるX財の需要関数と供給関数が以下のように与えられている。なお，閉鎖経済と開放経済（自由貿易）の2つの状況を想定している。そこで，以下の表を完成させなさい。

- ・需要関数：$X = -\dfrac{1}{2}P + 250$

- ・供給関数：$X = 2P - 400$

- ・国際価格：$P_w = 300$

	閉鎖経済	開放経済（自由貿易）
逆需要関数	（1）	
逆供給関数	（2）	
均衡取引量	（3）	
国内価格	（4）	（8）
国内供給量		（9）
国内需要量		（10）
輸出量		（11）
消費者余剰	（5）	（12）
生産者余剰	（6）	（13）
社会的総余剰	（7）	（14）
貿易の利益		（15）

P：価格	P_w：国際価格	CS：消費者余剰	SS：社会的総余剰
X：X財の取引量	EM：輸出量	PS：生産者余剰	G：貿易の利益

閉鎖経済

（1）逆需要関数

$X = -\dfrac{1}{2}P + 250$ …需要関数

↓ 「P＝〜」へ変形

$\dfrac{1}{2}P = -X + 250$

$P = -2X + 500$ …逆需要関数
　　　↓傾き　↓切片

（cf）横軸切片の導出

$P = 0$

↓ 代入

$\boxed{X = -\dfrac{1}{2}P + 250}$ …需要関数

$X = -\dfrac{1}{2} \times 0 + 250$

$X = -0 + 250$

$X = 250$

（2）逆供給関数

$X = 2P - 400$ …供給関数

↓ 「P＝〜」へ変形

$-2P = -X - 400$

6-2

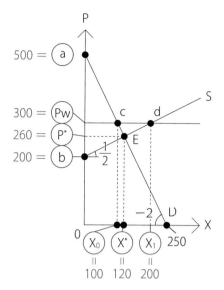

$2P = X + 400$

$P = \left(\dfrac{1}{2}\right)X + \boxed{200}$ ···逆供給関数

↓傾き ↓切片

（3）均衡取引量

$\begin{cases} P = -2X + 500 \text{ ···逆需要関数} \\ P = \dfrac{1}{2}X + 200 \text{ ···逆供給関数} \end{cases}$

↓ 連立方程式を解く

$-2X + 500 = \dfrac{1}{2}X + 200$

$-2X - \dfrac{1}{2}X = 200 - 500$

$-2X - \dfrac{1}{2}X = -300$

$-4X - X = -600$

$-5X = -600$

$5X = 600$

$X = 120$

↓ 変形 ─── 閉鎖経済時の均衡取引量を X^* とする。

$X^* = 120$

（4）国内価格

$X = 120$

↓ 代入

$\boxed{P = \dfrac{1}{2}X + 200}$ ···逆供給関数

$P = \dfrac{1}{2} \times 120 + 200$

$P = 60 + 200$

$P = 260$

↓ 変形 ─── 閉鎖経済時の国内価格を P^* とする。

$P^* = 260$

（5）消費者余剰

$CS = \triangle aEP^*$

↓ 三角形の面積の計算

$CS = 120 \times (500 - 260) \div 2$

$CS = 120 \times 240 \div 2$

$CS = 14{,}400$

（6）生産者余剰

$PS = \triangle P^*Eb$

↓ 三角形の面積の計算

$PS = 120 \times (260 - 200) \div 2$

$PS = 120 \times 60 \div 2$

$PS = 3{,}600$

（7）社会的総余剰

$SS = CS + PS$

$SS = 14{,}400 + 3{,}600$

$SS = 18{,}000$

開放経済（自由貿易）

（8）国内価格

$P_W = 300$

│ ─── 自由貿易をすると，国内では，国際価格で財が取引されることになる。

↓

$P = P_W = 300$ ···自由貿易時の国内価格

（9）国内供給量

$$P = P_W = 300$$

↓ 代入

$X = 2P - 400$ …供給関数

$$X = 2 \times 300 - 400$$

$$X = 600 - 400$$

$$X = 200$$

↓ 変形 ——— P=300の場合の国内供給量をX_1とする。

$$X_1 = 200$$

（10）国内需要量

$$P = P_W = 300$$

↓ 代入

$X = -\dfrac{1}{2}P + 250$ …需要関数

$$X = -\dfrac{1}{2} \times 300 + 250$$

$$X = -150 + 250$$

$$X = 100$$

↓ 変形 ——— P=300の場合の国内需要量をX_0とする。

$$X_0 = 100$$

（11）輸出量

◎輸出量

数式

輸出量（EX）

= 国内供給量（X_1）- 国内需要量（X_0）

$\begin{cases} X_1 = 200 & \cdots 国内供給量 \\ X_0 = 100 & \cdots 国内需要量 \end{cases}$

↓ 代入

$EX = X_1 - X_0$ …輸出量

$$EX = 200 - 100$$

$$EX = 100$$

（12）消費者余剰

$$CS = \triangle acP_W$$

↓ 三角形の面積の計算

$$CS = 100 \times (500 - 300) \div 2$$

$$CS = 100 \times 200 \div 2$$

$$CS = 10,000$$

（13）生産者余剰

$$PS = \triangle P_W db$$

↓ 三角形の面積の計算

$$PS = 200 \times (300 - 200) \div 2$$

$$PS = 200 \times 100 \div 2$$

$$PS = 10,000$$

（14）社会的総余剰

$$SS = CS + PS$$

$$SS = 10,000 + 10,000$$

$$SS = 20,000$$

（15）貿易の利益

$$G = \triangle Ecd$$

↓ 三角形の面積の計算

$$G = (200 - 100) \times (300 - 260) \div 2$$

$$G = 100 \times 40 \div 2$$

$$G = 2,000$$

問題6-3 部分均衡③ ★★

　ある小国におけるX財の需要関数と供給関数，国際価格，従量関税が以下のように与えられている。なお，自由貿易，関税賦課，輸入数量割当の3つの状況を想定している。そこで，以下の表を完成させなさい。

- ・需要関数：$X=-P+120$
- ・供給関数：$X=P-20$
- ・国際価格：$P_w=40$
- ・従量関税：$t=20$

	閉鎖経済	開放経済		
		自由貿易	保護貿易	
			関税	輸入数量割当
逆需要関数	（1）			
逆供給関数	（2）			
均衡取引量	（3）			
国内価格	（4）	（8）	（16）	（25）
国内供給量		（9）	（17）	（26）
国内需要量		（10）	（18）	（27）
輸入量		（11）	（19）	（28）
消費者余剰	（5）	（12）	（20）	（29）
生産者余剰	（6）	（13）	（21）	（30）
政府余剰			（22）	（31）
社会的総余剰	（7）	（14）	（23）	（32）
貿易の利益		（15）		
厚生損失			（24）	（33）

（注1）輸入業者の余剰は生産者余剰に含めること。

（注2）ここでは，輸入数量割当を関税時の輸入量と等しくなるような数量制限を考えること。

P：価格	t：従量関税	CS：消費者余剰	SS：社会的総余剰
X：X財の取引量	P_t：従量関税込み国際価格	PS：生産者余剰	G：貿易の利益
P_w：国際価格	IM：輸入量	GS：政府余剰	DWL：厚生損失（死荷重）

閉鎖経済

（1）逆需要関数

$X=-P+120$ …需要関数

　↓　「P＝ ～」へ変形

$P=-X+120$ …逆需要関数

$P=\underset{\text{傾き}}{\textcircled{-1}}\times X+\underset{\text{切片}}{\textcircled{120}}$

（cf）横軸切片の導出

$P=0$

　↓　代入

$\boxed{X=-P+120}$ …需要関数

$X=-0+120$

$X=120$

6-3

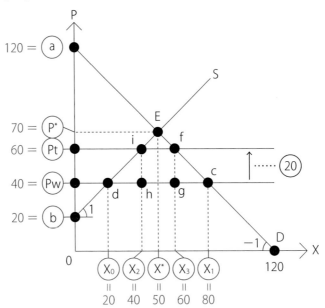

（2）逆供給関数

$X = P - 20$ …供給関数

　↓　「P＝〜」へ変形

$-P = -X - 20$

$P = X + 20$ …逆供給関数

$P = \boxed{1} \times X + \boxed{20}$

　　↳傾き　↳切片

（3）均衡取引量

$\begin{cases} P = -X + 120 & \cdots\text{逆需要関数} \\ P = X + 20 & \cdots\text{逆供給関数} \end{cases}$

　↓　連立方程式を解く

$-X + 120 = X + 20$

$-X - X = 20 - 120$

$-2X = -100$

$2X = 100$

$X = 50$

　↓　変形 ── 閉鎖経済時の
　　　　　　　均衡取引量を
　　　　　　　X^*とする。

$X^* = 50$

（4）国内価格

$X = 50$

↓　代入

$\boxed{P = X + 20}$ …逆供給関数

$P = 50 + 20$

$P = 70$

　↓　変形 ── 閉鎖経済時の
　　　　　　　国内価格をP^*
　　　　　　　とする。

$P^* = 70$

（5）消費者余剰

$CS = \triangle aEP^*$

　↓　三角形の面積の計算

$CS = 50 \times (120 - 70) \div 2$

$CS = 50 \times 50 \div 2$

$CS = 1,250$

（6）生産者余剰

$PS = \triangle P^*Eb$

　↓　三角形の面積の計算

$PS = 50 \times (70 - 20) \div 2$

$PS = 50 \times 50 \div 2$

$PS = 1,250$

（7）社会的総余剰

$SS = CS + PS$

$SS = 1,250 + 1,250$

$SS = 2,500$

開放経済（自由貿易）

（8）国内価格

$P_W = 40$

↓ ───── 自由貿易をすると，国内では，国際価格で財が取引されることになる。

$P = P_W = 40 \cdots$ 自由貿易時の国内価格

（9）国内供給量

$P = P_W = 40$

↓ 代入

$\boxed{X = P - 20}$ …供給関数

$X = 40 - 20$

$X = 20$

↓ 変形 ───── P=40の場合の国内供給量を X_0 とする。

$X_0 = 20$

（10）国内需要量

$P = P_W = 40$

↓ 代入

$\boxed{X = -P + 120}$ …需要関数

$X = -40 + 120$

$X = 80$

↓ 変形 ───── P=40の場合の国内需要量を X_1 とする。

$X_1 = 80$

（11）輸入量

$\begin{cases} X_0 = 20 \cdots 国内供給量 \\ X_1 = 80 \cdots 国内需要量 \end{cases}$

↓ 代入

$\boxed{IM = X_1 - X_0}$ …輸入量

$IM = 80 - 20$

$IM = 60$

（12）消費者余剰

$CS = \triangle acP_W$

↓ 三角形の面積の計算

$CS = 80 \times (120 - 40) \div 2$

$CS = 80 \times 80 \div 2$

$CS = 3,200$

（13）生産者余剰

$PS = \triangle P_W db$

↓ 三角形の面積の計算

$PS = 20 \times (40 - 20) \div 2$

$PS = 20 \times 20 \div 2$

$PS = 200$

（14）社会的総余剰

$SS = CS + PS$

$SS = 3,200 + 200$

$SS = 3,400$

（15）貿易の利益

$G = \triangle Ecd$

↓ 三角形の面積の計算

$G = (80 - 20) \times (70 - 40) \div 2$

$G = 60 \times 30 \div 2$

$G = 900$

関税

（16）国内価格

◎従量関税込みの国際価格

$\boxed{数式}$ $P_t = P_W + t$

$\begin{cases} P_W = 40 \\ t = 20 \end{cases}$

↓ あてはめ

$\boxed{P_t = P_W + t}$ …従量関税込みの国際価格

$P_t = 40 + 20$

$P_t = 60$

$\downarrow$

$P = P_t = 60$ …従量関税込みの国内価格

> 関税を賦課すると，国内では，関税込みの国際価格で財が取引されることになる。

（17）国内供給量

$P = P_t = 60$

$\downarrow$ 代入

$\boxed{X = P - 20}$…供給関数

$X = 60 - 20$

$X = 40$

$\downarrow$ 変形 —— > P=60の場合の国内供給量を X_2 とする。

$X_2 = 40$

（18）国内需要量

$P = P_t = 60$

$\downarrow$ 代入

$\boxed{X = -P + 120}$…需要関数

$X = -60 + 120$

$X = 60$

$\downarrow$ 変形 —— > P=60の場合の国内需要量を X_3 とする。

$X_3 = 60$

（19）輸入量

$\begin{cases} X_2 = 40 \text{…国内供給量} \\ X_3 = 60 \text{…国内需要量} \end{cases}$

$\downarrow$ 代入

$\boxed{IM = X_3 - X_2}$…輸入量

$IM = 60 - 40$

$IM = 20$

（20）消費者余剰

$CS = \triangle afP_t$

$\downarrow$ 三角形の面積の計算

$CS = 60 \times (120 - 60) \div 2$

$CS = 60 \times 60 \div 2$

$CS = 1,800$

（21）生産者余剰

$PS = \triangle P_t ib$

$\downarrow$ 三角形の面積の計算

$PS = 40 \times (60 - 20) \div 2$

$PS = 40 \times 40 \div 2$

$PS = 800$

（22）政府余剰

$GS = \square ifgh$

$\downarrow$ 四角形の面積の計算

$GS = (60 - 40) \times (60 - 40)$

$GS = 20 \times 20$

$GS = 400$

（23）社会的総余剰

$SS = CS + PS + GS$

$SS = 1,800 + 800 + 400$

$SS = 3,000$

（24）厚生損失

$DWL = \triangle ihd + \triangle fcg$

$\downarrow$ 三角形の面積の計算

$DWL = [(40 - 20) \times (60 - 40) \div 2]$
$\qquad + [(80 - 60) \times (60 - 40) \div 2]$

$DWL = (20 \times 20 \div 2) + (20 \times 20 \div 2)$

$DWL = 200 + 200$

$DWL = 400$

輸入数量割当

（25）国内価格

$P_t = 60$ …従量関税込みの国際価格

$\downarrow$

$P = P_t = 60$

> 関税時と同じ数量になるように輸入数量割当を行うと，取引価格は関税時の価格と同じになる。

（26）国内供給量

$P = P_t = 60$

↓　代入

$\boxed{X = P - 20}$ …供給関数

$X = 60 - 20$

$X = 40$

↓　変形 ——

P=60の場合の
国内供給量を
X_2とする。

$X_2 = 40$

（27）国内需要量

$P = P_t = 60$

↓　代入

$\boxed{X = -P + 120}$ …需要関数

$X = -60 + 120$

$X = 60$

↓　変形 ——

P=60の場合の
国内需要量を
X_3とする。

$X_3 = 60$

（28）輸入量

$\begin{cases} X_2 = 40 \cdots 国内供給量 \\ X_3 = 60 \cdots 国内需要量 \end{cases}$

↓　代入

$\boxed{IM = X_3 - X_2}$ …輸入量

$IM = 60 - 40$

$IM = 20$

（29）消費者余剰

$CS = \triangle afP_t$

↓　面積の計算

$CS = 60 \times (120 - 60) \div 2$

$CS = 60 \times 60 \div 2$

$CS = 1,800$

（30）生産者余剰

$PS = \triangle P_t ib + \square ifgh$

↓　面積の計算

$PS = [40 \times (60 - 20) \div 2]$
$\qquad + [(60 - 40) \times (60 - 40)]$

$PS = (40 \times 40 \div 2) + (20 \times 20)$

$PS = 800 + 400$

$PS = 1,200$

（31）政府余剰

$GS = 0$

（32）社会的総余剰

$SS = CS + PS + GS$

$SS = 1,800 + 1,200 + 0$

$SS = 3,000$

（33）厚生損失

$DWL = \triangle ihd + \triangle fcg$

↓　三角形の面積の計算

$DWL = [(40 - 20) \times (60 - 40) \div 2]$
$\qquad + [(80 - 60) \times (60 - 40) \div 2]$

$DWL = (20 \times 20 \div 2) + (20 \times 20 \div 2)$

$DWL = 200 + 200$

$DWL = 400$

（cf）関税と輸入数量割当の同値定理

◎関税と輸入数量割当の同値定理
関税時の社会的総余剰
　＝輸入数量割当時の社会的総余剰

社会的総余剰は等しくなるが,
社会的総余剰の内訳は異なる。

ある小国におけるX財の需要関数と供給関数，国際価格，従量関税，従量補助金が以下のように与えられている。なお，自由貿易，関税賦課，補助金支給の3つの状況を想定している。そこで，以下の表を完成させなさい。

- 需要関数：$X=-2P+600$
- 供給関数：$X=4P-300$
- 国際価格：$P_w=100$
- 従量関税：$t=20$
- 従量補助金：$s=20$

	閉鎖経済	開放経済		
		自由貿易	保護貿易	
			関税	補助金
逆需要関数	（1）			
逆供給関数	（2）			（25）
均衡取引量	（3）			
国内価格	（4）	（8）	（16）	（26）
国内供給量		（9）	（17）	（27）
国内需要量		（10）	（18）	（28）
輸入量		（11）	（19）	（29）
消費者余剰	（5）	（12）	（20）	（30）
生産者余剰	（6）	（13）	（21）	（31）
政府余剰			（22）	（32）
社会的総余剰	（7）	（14）	（23）	（33）
貿易の利益		（15）		
厚生損失			（24）	（34）

P：価格	s：従量補助金	PS：生産者余剰　　DWL：厚生損失（死荷重）
X：X財の取引量	P_t：従量関税込み国際価格	GS：政府余剰
P_w：国際価格	IM：輸入量	SS：社会的総余剰
t：従量関税	CS：消費者余剰	G：貿易の利益

閉鎖経済

（1）逆需要関数

$X=-2P+600$ …需要関数

↓　「P= ～」へ変形

$2P=-X+600$

$P=-\dfrac{1}{2}X+300$ …逆需要関数

↓傾き　↓切片

（cf）横軸切片の導出

$P=0$

↓　代入

$X=-2P+600$ …需要関数

$X=-2\times0+600$

$X=-0+600$

$X=600$

6−4

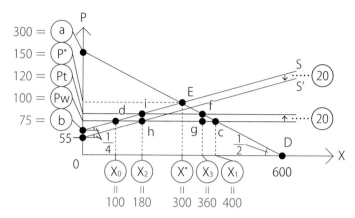

（2）逆供給関数

$X = 4P - 300$ …供給関数

↓　「$P = \sim$」へ変形

$-4P = -X - 300$

$4P = X + 300$

$P = \dfrac{1}{4} X + 75$ …逆供給関数

↘傾き　↘切片

（3）均衡取引量

$\begin{cases} P = -\dfrac{1}{2} X + 300 & \text{…逆需要関数} \\[2mm] P = \dfrac{1}{4} X + 75 & \text{…逆供給関数} \end{cases}$

↓　連立方程式を解く

$-\dfrac{1}{2} X + 300 = \dfrac{1}{4} X + 75$

$-\dfrac{1}{2} X - \dfrac{1}{4} X = 75 - 300$

$-\dfrac{1}{2} X - \dfrac{1}{4} X = -225$

$\dfrac{1}{2} X + \dfrac{1}{4} X = 225$

$2X + X = 900$

$3X = 900$

$X = 300$

↓　変形 ── 閉鎖経済時の均衡取引量を X^* とする。

$X^* = 300$

（4）国内価格

$X = 300$

↓　代入

$P = \dfrac{1}{4} X + 75$ …逆供給関数

$P = \dfrac{1}{4} \times 300 + 75$

$P = 75 + 75$

$P = 150$

↓　変形 ── 閉鎖経済時の国内価格を P^* とする。

$P^* = 150$

（5）消費者余剰

$CS = \triangle aEP^*$

↓　三角形の面積の計算

$CS = 300 \times （300 - 150）÷ 2$

$CS = 300 \times 150 ÷ 2$

$CS = 22{,}500$

（6）生産者余剰

$PS = \triangle P^*Eb$

↓　三角形の面積の計算

$PS = 300 \times （150 - 75）÷ 2$

$PS = 300 \times 75 \div 2$

$PS = 11,250$

（7）社会的総余剰

$SS = CS + PS$

$SS = 22,500 + 11,250$

$SS = 33,750$

自由貿易

（8）国内価格

$P_W = 100$

$\downarrow$ ——— 自由貿易をすると，国内では，国際価格で財が取引されることになる。

$P = P_W = 100$ …自由貿易時の国内価格

（9）国内供給量

$P = P_W = 100$

$\downarrow$ 代入

$\boxed{X = 4P - 300}$ …供給関数

$X = 4 \times 100 - 300$

$X = 400 - 300$

$X = 100$

$\downarrow$ 変形 ——— P=100の場合の国内供給量を X_0 とする。

$X_0 = 100$

（10）国内需要量

$P = P_W = 100$

$\downarrow$ 代入

$\boxed{X = -2P + 600}$ …需要関数

$X = -2 \times 100 + 600$

$X = -200 + 600$

$X = 400$

$\downarrow$ 変形 ——— P=100の場合の国内需要量を X_1 とする。

$X_1 = 400$

（11）輸入量

$\begin{cases} X_0 = 100 \text{ …国内供給量} \\ X_1 = 400 \text{ …国内需要量} \end{cases}$

$\downarrow$ 代入

$\boxed{IM = X_1 - X_0}$ …輸入量

$IM = 400 - 100$

$IM = 300$

（12）消費者余剰

$CS = \triangle acP_W$

$\downarrow$ 三角形の面積の計算

$CS = 400 \times (300 - 100) \div 2$

$CS = 400 \times 200 \div 2$

$CS = 40,000$

（13）生産者余剰

$PS = \triangle P_W db$

$\downarrow$ 三角形の面積の計算

$PS = 100 \times (100 - 75) \div 2$

$PS = 100 \times 25 \div 2$

$PS = 1,250$

（14）社会的総余剰

$SS = CS + PS$

$SS = 40,000 + 1,250$

$SS = 41,250$

（15）貿易の利益

$G = \triangle Ecd$

$\downarrow$ 三角形の面積の計算

$G = (400 - 100) \times (150 - 100) \div 2$

$G = 300 \times 50 \div 2$

$G = 7,500$

関税

（16）国内価格

$\begin{cases} P_W = 100 \\ t = 20 \end{cases}$

$\downarrow$ あてはめ

$\boxed{P_t = P_W + t}$ …関税込みの国際価格

$P_t = 100 + 20$

$P_t = 120$

$\downarrow$

$P = P_t = 120$

> 関税を賦課すると，国内では，関税込みの国際価格で財が取引されることになる。

（17）国内供給量

$P = P_t = 120$

$\downarrow$ 代入

$\boxed{X = 4P - 300}$…供給関数

$X = 4 \times 120 - 300$

$X = 480 - 300$

$X = 180$

$\downarrow$ 変形 ── P=120の場合の国内供給量をX_2とする。

$X_2 = 180$

（18）国内需要量

$P = P_t = 120$

$\downarrow$ 代入

$\boxed{X = -2P + 600}$…需要関数

$X = -2 \times 120 + 600$

$X = -240 + 600$

$X = 360$

$\downarrow$ 変形 ── P=120の場合の国内需要量をX_3とする。

$X_3 = 360$

（19）輸入量

$\begin{cases} X_2 = 180 \cdots 国内供給量 \\ X_3 = 360 \cdots 国内需要量 \end{cases}$

$\downarrow$ 代入

$\boxed{IM = X_3 - X_2}$…輸入量

$IM = 360 - 180$

$IM = 180$

（20）消費者余剰

$CS = \triangle afP_t$

$\downarrow$ 三角形の面積の計算

$CS = 360 \times (300 - 120) \div 2$

$CS = 360 \times 180 \div 2$

$CS = 32,400$

（21）生産者余剰

$PS = \triangle P_t ib$

$\downarrow$ 三角形の面積の計算

$PS = 180 \times (120 - 75) \div 2$

$PS = 180 \times 45 \div 2$

$PS = 4,050$

（22）政府余剰

$GS = \square ifgh$

$\downarrow$ 四角形の面積の計算

$GS = (360 - 180) \times (120 - 100)$

$GS = 180 \times 20$

$GS = 3,600$

（23）社会的総余剰

$SS = CS + PS + GS$

$SS = 32,400 + 4,050 + 3,600$

$SS = 40,050$

（24）厚生損失

$DWL = \triangle ihd + \triangle fcg$

$\downarrow$ 三角形の面積の計算

$DWL = [(180 - 100) \times (120 - 100) \div 2]$
$\qquad + [(400 - 360) \times (120 - 100) \div 2]$

$DWL = (80 \times 20 \div 2) + (40 \times 20 \div 2)$

$DWL = 800 + 400$

$DWL = 1,200$

補助金
（25）逆供給関数

◎従量補助金支給後逆供給関数

数式

$P = \boxed{補助金支給前逆供給関数の右辺} - S$

導出

$P = $ 従量補助金支給前価格 $- S$

　…従量補助金支給後価格

↓　変形

$P = $ 補助金支給前逆供給関数の右辺 $- S$

> 課税前の逆供給関数は,「P=〜」であるから, その右辺は課税前の価格を意味している。

$$\begin{cases} P = \dfrac{1}{4}X + 75 \\ S = 20 \end{cases}$$

↓　あてはめ

$P = $「従量補助金支給前逆供給関数の右辺」$- S$

　…従量補助金支給後逆供給関数

$$P = \dfrac{1}{4}X + 75 - 20$$

$$P = \dfrac{1}{4}X + 55$$

↳傾き　↳切片

(26) 国内価格

$P_w = 100$

↓

$P = P_w = 100$

> 補助金を支給した場合でも, 国内では, 国際価格で財が取引されることになる。

(27) 国内供給量

$P = P_w = 100$

↓　代入

$P = \dfrac{1}{4}X + 55$ …従量補助金支給後逆供給関数

$$100 = \dfrac{1}{4}X + 55$$

$$400 = X + 220$$

$$X = 180$$

↓　変形

$X_2 = 180$

> 補助金を支給した場合の国内供給量を X_2 とする。

(28) 国内需要量

$P = P_w = 100$

↓　代入

$X = -2P + 600$ …需要関数

$$X = -2 \times 100 + 600$$

$$X = -200 + 600$$

$$X = 400$$

↓　変形

$X_1 = 400$

> P=100の場合の国内需要量を X_1 とする。

(29) 輸入量

$$\begin{cases} X_2 = 180 \text{ …国内供給量} \\ X_1 = 400 \text{ …国内需要量} \end{cases}$$

↓　代入

$IM = X_1 - X_2$ …輸入量

$$IM = 400 - 180$$

$$IM = 220$$

(30) 消費者余剰

$CS = \triangle acP_w$

↓　面積の計算

$$CS = 400 \times (300 - 100) \div 2$$

$$CS = 400 \times 200 \div 2$$

$$CS = 40,000$$

(31) 生産者余剰

$PS = \triangle P_i ib$

↓　面積の計算

$$PS = 180 \times (120 - 75) \div 2$$

$$PS = 180 \times 45 \div 2$$

$$PS = 4,050$$

(32) 政府余剰

$GS = - \square P_i ih P_w$

↓　面積の計算

$$GS = - [180 \times (120 - 100)]$$

$$GS = -180 \times 20$$

$GS = -3,600$

（33）社会的総余剰

$SS = CS + PS + GS$

$SS = 40,000 + 4,050 + (-3,600)$

$SS = 40,450$

（34）厚生損失

$DWL = \triangle ihd$

↓　三角形の面積の計算

$DWL = (180 - 100) \times (120 - 100) \div 2$

$DWL = 80 \times 20 \div 2$

$DWL = 800$

　以下の表1はA国とB国において，X財またはY財の労働投入係数（1単位生産するのに必要な労働投入量）を示している。なお，2財モデル，生産要素は労働のみとする。そこで，以下の表2を完成させなさい。

【表1　労働投入係数】

	X財	Y財
A国	30	10
B国	10	5

【表2】

	A国	B国
絶対優位を持つ財	（1）	（2）
X財の比較生産費	（3）	（5）
Y財の比較生産費	（4）	（6）
比較優位を持つ財	（7）	（8）
貿易成立条件	（9）	

（注1）（1），（2），（7），（8）において，該当する財が存在しない場合は「なし」，該当する財が複数ある場合は「X財とY財」と記入すること。

（注2）（9）は，P_x/P_y の概念を用いて条件式を示すこと。

P_x：X価格	X：X財の取引量
P_y：Y価格	Y：Y財の取引量

（1）・（2）絶対優位を持つ財

◎絶対優位

定義

絶対優位：ある財の生産において，他国よりも労働投入係数が少ない状態を表す概念

【労働投入係数】

	X財	Y財
A国	㉚	10
B国	⑩	5

X財
$$\begin{cases} \text{A国の労働投入係数} = ③⓪ \\ \qquad\qquad\qquad \vee \\ \text{B国の労働投入係数} = ⑩ \end{cases}$$

↓　比較

A国の労働投入係数＞B国の労働投入係数

↓

B国がX財の生産に絶対優位を持つ。

B国の方が少ない労働力で生産が可能である。

Y財
$$\begin{cases} \text{A国の労働投入係数} = \boxed{10} \\ \qquad\qquad\qquad \vee \\ \text{B国の労働投入係数} = \boxed{5} \end{cases}$$

↓　比較

A国の労働投入係数＞B国の労働投入係数

↓

B国がY財の生産に絶対優位を持つ。

> B国の方が少ない労働力で
> 生産が可能である。

（3）X財の比較生産費（A国）

> ◎比較生産費
>
> 定義
>
> 比較生産費：ある財の生産を1単位増加すると，他の財の生産が何単位犠牲になるかを表す概念
>
> 数式
>
> ・$X財の比較生産費 = \dfrac{X財の労働投入係数}{Y財の労働投入係数}$
>
> ・$Y財の比較生産費 = \dfrac{Y財の労働投入係数}{X財の労働投入係数}$

$$\begin{cases} X 財の労働投入係数 = 30 \\ Y 財の労働投入係数 = 10 \end{cases}$$

↓　あてはめ

$$X財の比較生産費 = \dfrac{X財の労働投入係数}{Y財の労働投入係数}$$

$$X 財の比較生産費 = \dfrac{30}{10}$$

$$X 財の比較生産費 = 3$$

> Y財の3倍労働力が必要である。言いかえれば，X財1個の増産でY財が3個犠牲となる。

（4）Y財の比較生産費（A国）

$$\begin{cases} X 財の労働投入係数 = 30 \\ Y 財の労働投入係数 = 10 \end{cases}$$

↓　あてはめ

$$Y財の比較生産費 = \dfrac{Y財の労働投入係数}{X財の労働投入係数}$$

$$Y 財の比較生産費 = \dfrac{10}{30}$$

$$Y 財の比較生産費 = \dfrac{1}{3}$$

> X財の1/3の労働力で生産可能である。言いかえれば，Y財1個の増産でX財が1/3個犠牲となる。

（5）X財の比較生産費（B国）

$$\begin{cases} X 財の労働投入係数 = 10 \\ Y 財の労働投入係数 = 5 \end{cases}$$

↓　あてはめ

$$X財の比較生産費 = \dfrac{X財の労働投入係数}{Y財の労働投入係数}$$

$$X 財の比較生産費 = \dfrac{10}{5}$$

$$X 財の比較生産費 = 2$$

> Y財の2倍労働力が必要，X財1個の増産でY財が2個犠牲となる。

（6）Y財の比較生産費（B国）

$$\begin{cases} X 財の労働投入係数 = 10 \\ Y 財の労働投入係数 = 5 \end{cases}$$

↓　あてはめ

$$Y財の比較生産費 = \dfrac{Y財の労働投入係数}{X財の労働投入係数}$$

$$Y 財の比較生産費 = \dfrac{5}{10}$$

$$Y 財の比較生産費 = \dfrac{1}{2}$$

> X財の1/2の労働力で生産可能，Y財1個の増産でX財が1/2個犠牲となる。

（7）・（8）比較優位を持つ財

> ◎比較優位
>
> 定義
>
> 比較優位：ある財の生産において，他国よりも比較生産費が低い状態を表す概念

【比較生産費】

	X財	Y財
A国	③	1/3
B国	②	1/2

X 財

$$\begin{cases} \text{A 国の比較生産費} = ③ \\ \qquad\qquad \lor \\ \text{B 国の比較生産費} = ② \end{cases}$$

↓　比較

A 国の比較生産費＞B 国の比較生産費

↓

B 国は X 財の生産に比較優位を持つ。

犠牲となる Y の生産量が少なくて済む。

↓

B 国は X 財の生産に特化・輸出するべき

Y 財

$$\begin{cases} \text{A 国の比較生産費} = 1/3 \\ \qquad\qquad \land \\ \text{B 国の比較生産費} = 1/2 \end{cases}$$

↓　比較

A 国の比較生産費＜B 国の比較生産費

↓

A 国は Y 財の生産に比較優位を持つ。

犠牲となる X の生産量が少なくて済む。

↓

A 国は Y 財の生産に特化・輸出するべき

（9）貿易成立条件

◎相対価格

定義

相対価格：取引した場合，X 財 1 個は Y 財何個分かを表す概念

数式

$$\text{X 財の相対価格} = \frac{P_X}{P_Y}$$

◎ X 財の貿易成立条件

①輸出国の X 財の比較生産費 $< \dfrac{P_X}{P_Y}$

比較生産費より相対価格が高いため，輸出をすることで得をする。

②輸入国の X 財の比較生産費 $> \dfrac{P_X}{P_Y}$

比較生産費より相対価格が低いため，輸入をすることで得をする。

↓

輸出国の比較生産費 $< \dfrac{P_X}{P_Y} <$ 輸入国の比較生産費

$$\begin{cases} \text{A国（＝輸入国）のX財の比較生産費} = 3 \\ \text{B国（＝輸出国）のX財の比較生産費} = 2 \end{cases}$$

↓　あてはめ

輸出国のX財の比較生産費 $< \dfrac{P_X}{P_Y}$

　　　　$<$ 輸入国の X 財の比較生産費

↓

$$2 < \frac{P_X}{P_Y} < 3$$

《著者紹介》

森田龍二（もりた・りゅうじ）

麗澤大学経済学部准教授

法政大学経済学部経済学科卒業。早稲田大学大学院経済学研究科修士課程修了。いすゞ自動車株式会社，株式会社東京リーガルマインド（LEC 専任講師）などを経て，現職。

（検印省略）

2022 年 5 月 20 日　初版発行　　　　　　　　　　　　略称―ミクロ計算

ミクロ経済学　計算の極意

著　者　森 田 龍 二
発行者　塚 田 尚 寛

発行所　東京都文京区
　　　　春日 2−13−1　　　　　株式会社　創 成 社

電　話 03（3868）3867　　　F A X 03（5802）6802
出版部 03（3868）3857　　　F A X 03（5802）6801
http://www.books-sosei.com　　振　替 00150-9-191261

定価はカバーに表示してあります。

©2022 Ryuji Morita　　　　　　　組版：スリーエス　印刷：エーヴィスシステムズ
ISBN978-4-7944-3234-6 C3033　製本：エーヴィスシステムズ
Printed in Japan　　　　　　　　落丁・乱丁本はお取り替えいたします。

経済学選書

ミクロ経済学 計算の極意	森田龍二	著	2,500円
入門経済学	飯田幸裕 岩田幸訓	著	1,700円
国際公共経済学 ―国際公共財の理論と実際―	飯田幸裕 大野裕之 寺崎克志	著	2,000円
国際経済学の基礎「100項目」	多和田眞 近藤健児	編著	2,500円
ファーストステップ経済数学	近藤健児	著	1,600円
福祉の総合政策	駒村康平	著	3,000円
日本の財政	大川政三 大森誠司 江川雅司 池田浩史 久保田昭治	著	2,800円
財政学	小林威 望月正光 篠原正博 栗林隆 半谷俊彦	監修 編著	3,200円
ミクロ経済学	関谷喜三郎	著	2,500円
実験で学ぶ経済学	大塚友美	著	2,600円
ボーダーレス化の政治経済学	大塚友美	著	2,330円
経済用語の総合的研究	木村武雄	著	2,000円
ポーランド経済―体制転換の観点から―	木村武雄	著	3,800円
経済体制と経済政策	木村武雄	著	2,800円
企業金融の経済理論	辻幸民	著	3,500円
多変量・統計解析の基礎	岡本眞一	著	1,800円
経済分析のための統計学入門	原田明信	著	2,400円
公共経済学	谷口洋志	著	3,495円
米国の電子商取引政策	谷口洋志	著	2,800円
マクロ経済学＆日本経済	水野勝之	著	2,500円
イギリス経済思想史	小沼宗一	著	1,700円

（本体価格）

―――――――――― 創成社 ――――――――――